입고 벗는 것이
마음대로

축하합니다!
나를 보는 순간 행운 문을 두드리신 것이요,
첫 장을 펴는 순간 행운 문을 여신 것이며,
마지막 장을 닫는 순간 행복받은 증거임을 아시게 될 것입니다.

입고 벗는 것이 마음대로

정령 안병철 지음

청학출판사

자연의 이름은 본래 없었다. 인간이 필요성을 느끼고 자연 만물에 이름 지어 붙여 주고, 그 이름이 본래 있었던 듯이 명명命名하여 쓰고 있었다.

이름은 하나이지만 필요성은 만 가지이다. 만 가지의 물질은 하나에서 분해되어 각기 하나이듯 보이고 느껴지지만 하나의 연결 고리로 이뤄진 결합체이다. 그러므로 분해되는 과정과 결합하는 과정이 한 가지이면서도 도 각기 다르게 보이고 느껴질지라도 그 근본은 하나이다. 즉 진리이다.

진리眞理는 불변하는 것이고, 순리順利는 그 진리를 어기지 않는 것이며, 이치理致는 진리에 맞게 가꾸어 결정하는 과정이다.

과정過程은 문제를 일으켜 놓고 진리를 찾아 가 답을 얻는 것이다.

필자는 삶의 최대 목표인 행복의 추구, 즉 덕德을 쌓고, 액운厄運을 버리고, 행운幸運을 얻는데 크게 도움을 줄 수 있는 글을 모아《입고 벗는 것이 마음대로》란 제목으로 독자 여러분께 다가섰다.

이 책의 제목만 보아도 행운의 문을 두드리는 것이요, 이 책의 첫 페이지라도 읽는 사람은 행운 문을 여는 것과 같다.

차례

Part *03* 밥은 영원히 밥이다

이 책을 읽는 이에게 다음과 같은 참고사항을 알려드립니다

백문백답의 내용은 상식과 지식과 기술과 학문에 바탕을 두고 답을 했다기보다는 비유법·견문법·의미법·지적법으로 정했으며, 질문자 개인에 따라 마음을 다스리고 공부시키는 데 의미를 깊게 두었기 때문에 질문과는 다소 동떨어진 답이 있기도 합니다.

이것은 질문자의 근기에 맞게 답한 것이라 일반 학문의 해석과는 무관할 수 있음을 강조합니다.

끝으로 좋은 질문과 답은 자신을 증폭시키는 활력소가 되기를 바라며, 아울러 질문과 무관한 답은 웃음으로 해소시키시기 바랍니다.

Part 01

어머님은 그저
포근하기만 하더라

- 가식을 버리고 참된 것을 찾아라
- 옷을 입고 벗는 것이 마음대로다
- 어머님은 그저 포근하기만 하더라
- '걸림돌'은 돌아 가고 '디딤돌'은 걸어 가거라
- 씨는 능력이고, 열매는 도구이다
- 정화하는 심지를 얻어라!
- 뜻은 씨앗이다
- 샘은 물이 나올 때까지 파는 것이다

*가식*을 버리고 **참**된 것을 찾아라

1 좋은 성격이란?
원망과 투정을 버릴 줄 아는 사람.

2 나쁜 성격이란?
시기, 질투, 화를 잘 내는 사람.

3 선의의 거짓말?
참된 실천을 위한다면…….

4 명예란?
그 누구도 할 수 없는 것을 특별히 참되게 행한
사람.

5 죄란?
남을 불편하게 하고, 자연을 손상했을 때.

6 집착이란?

아픔을 아픔으로만 간직하는 것.

7 행복이란?

참된 것을 실천하고 만족을 느낄 때.

8 전생이 있는가?

어제는 전생이고, 오늘은 이생이다.

9 환생은 있는가?

삶의 방법을 바꾸어 새롭게 기쁨을 얻는 것이 환생이다.

10 강한 사람은?

강한 것을 먹고,

11 약한 사람은?

약한 것을 먹는다.

12 잠재력은 무엇인가?

아는 것이 없는 것.

13 초능력은 있는가?

특별히 나만 할 줄 아는 것.

14 공력은 무엇인가?
나무가 십 년을 자랐다면 십 년 공력이 쌓여 있다.

15 가정에서 자신의 역할은?
순서가 바뀔지라도 할 일은 행하는 것이다.

16 나쁜 일이 계속될 때의 원인이 무엇이라고 생각되는가?
좋은 생각을 많이 하지 못할 때.

17 좋은 일이 계속될 때의 원인은 무엇이라고 생각되는가?
참된 마음을 찾을 때.

18 나무를 어떻게 생각하는가?
자리를 지키는 것이라고 생각한다.

19 선생님이란 무엇인가?
아는 사실도 배움을 주는 사람.

20 학생이란 무엇인가?
배움의 근본을 알려고 하는 사람.

21 배움이란 무엇인가?
자신이 발전하는 근본.

22 예습은 무엇인가?
익숙하지 않음을 길들이는 것.

23 복습이란 무엇인가?
아는 사실을 더 깊이 찾는 것.

24 탄생이란?
지구촌에 없는 것이 나타남.

25 듣기 좋은 말은?
남이 들어서 불편하지 않은 말.

26 듣기 싫은 말은?
남이 들어서 불편해지는 말.

27 진정한 사랑은?
진실을 부정하지 않고, 실수를 고쳐가는 사랑.

28 행복한 사람이란?
자신이 원하는 것을 만족할 줄 아는 사람.

29 불행한 사람이란?
자신이 원한 것을 원망하는 사람.

30 칭찬이란?
익은 과일을 잘 익었다고 감탄하는 것.

31 고마움이란?
어리석은 말과 행을 고치고 감탄하는 것.

32 수다란?
이익 없는 대화.

33 다른 사람의 마음을 사로잡는 법은?
감사함을 갚을 줄 알았을 때.

34 남녀 관계에서 지켜야 할 것?
함부로 옷을 벗지 않는다.

35 재치 있는 말이란?
싸울 일을 피해가는 말.

36 내 인생에서 피해야 할 것은?
욕정.

37 공부를 하는 이유는?
자신을 다스리기 위해서.

38 밥을 먹는 이유는?
생명 유지.

39 기분이 좋은 때?
갈증이 해소되었을 때.

40 기분 나쁠 때?
갈증이 해소되지 못하였을 때.

41 나에게 지금 가장 필요한 것은?
건강과 자기 다스림.

42 갖고 싶은 것을 얻는 방법은?
거듭 거듭 연구하는 마음.

43 더위를 이기는 법?
화를 내지 마라!

44 추위를 이기는 법?
할 일을 거듭 거듭 찾아라.

45 외로움이란?
보고 싶은 것도 없는 것.

46 짜증이 날 때 하는 행동?
동서남북이 없겠구나!

47 자신의 화를 다스리는 법?
화를 독 중의 독이라고 생각하라.

48 집중력이란?
달걀을 머리 위에 올려놓고 걸어 보아라.

49 살면서 제일 필요한 힘은?
밥 잘 먹는 것.

50 손재주란?
손을 마음대로 움직일 줄 아는 것.

51 배고픔이란?
때를 삼 일만 어겨 보아라.

52 배고픔을 이기는 법?
혁대 끈을 졸라매라!

53 즐거움의 원천?
느낌.

54 당당함이란?
할 줄 아는 것.

55 비굴함이란?
아는 척.

56 사람이 가장 약해질 때?
능력 부족.

57 사람이 가장 강해질 때?
능력 완성.

58 멈칫하던 순간?
못 볼 것을 봤을 때.

59 깜짝 놀랄 때 '엄마!' 하고 소리 지르는 이유?
엄마를 먼저 부르는 사람만.

60 늙음이란?
해가 묵음.

61 노인이란?
해가 묵은 사람.

62 아기란?
갓 태어난 생명.

63 인생을 살면서 꼭 해야 할 일?
자신을 다스릴 줄 아는 일.

64 인생을 살면서 하지 말아야 할 일?
남을 불편하게 하지 말아야 한다.

65 땀은?
행의 결과를 증명하는 수분.

66 눈으로 무엇을 하는가?
색을 가린다.

67 코로 무엇을 하는가?
향을 가린다.

68 입으로 무엇을 하는가?
맛을 가린다.

69 귀로는 무엇을 하는가?
소리를 가린다.

70 말의 중요성은?
실천의 교환.

71 소나기란?
하늘에서 쏟아지는 물.

72 자만심이란?
자신이 최고라는 어리석음.

73 겸손함이란?
사실들을 부정하지 않음.

74 창문 밖에 풍경을 바라볼 때의 마음?
그때 그 기분.

75 하늘을 올려다 볼 때의 마음?
고개 들고 싶은 마음.

76 아기들의 칭얼거림은?
기분이 좋지 않을 때.

77 매일 우는 아기에게 필요한 것은?
엄마의 정성.

78 웃음이란?
기쁨의 증거.

79 편안한 자세란?
불편하지 않았을 때 나온다.

80 사람이 이유 없이 미울 때?
내 마음이 곱지 않을 때.

81 사람이 이유 없이 좋은 때?
내 마음이 고와지고 있을 때.

82 실력이 한 단계씩 올라가는 방법?
높은 산 정상에 올라가 보아라.

83 식은땀이란?
가식이 많을 때 나는 증거.

84 바람직한 아버지?
어떠한 경우에도 책임감을 버리지 않는 사람.

85 바람직한 어머니?
어떠한 경우에도 원망하지 않고 노력할 줄 아는
사람.

86 자식에게 꼭 해야 할 당부?
가식을 버리고 참된 것을 찾아라.

87 등이 갑자기 싸늘할 때?
마음이 들켰을 때.

88 한숨의 원인은?
욕심이 과할 때.

89 머리가 아플 때?
생각이 단순할 때 그 생각을 버리지 못하면.

90 꾀병이란?
할 일을 버리고 싶을 때 거짓 아픔.

91 잔병을 많이 앓는 사람은?
불만이 많은 사람.

92 믿음이 없는 사람이란?
진실성이 부족한 사람.

93 산을 오를 때의 생각?
어서 오르자.

94 물가에서 설 때의 생각?
조심하자.

95 산으로 둘러싸여 있을 때의 마음은?
하늘만 보이겠구나!

96 천둥이 칠 때의 생각?
비가 많이 오는가 보다.

97 재물 운이 많은 사람은?
생각이 깊은 사람.

98 바람둥이란?
동서남북이 궁금한 사람.

99 점쟁이란?
생각을 바꾸어주는 사람.

100 천국을 가는 방법?
자리를 지키고 움직이지 마라.

옷을 입고 벗는 것이 마음대로다

1 도인의 생각?
있는 그대로를 보고 쓰며, 없는 길을 바르게 닦는 마음.

2 마음 공부?
아는 사실도 더 깊이 생각하고 자신의 어리석음을 가르친다.

3 좋은 생각?
나쁜 것에서도 좋은 것을 찾아내어 쓴다.

4 어버이의 마음?
괴롭고, 슬프고, 힘들어도 책임감을 버리지 않는 마음.

5 미워하는 표정?
똥을 보는 마음이 밖으로 나타난 것.

6 내 생각대로 하려면?
남도 아는 사실을 더 깊이 알아야 하고, 두려움을 버렸을 때.

7 편견을 갖지 않는 것?
마음속의 정답을 버려야 한다.

8 항상 샘솟는 지혜?
자연의 변화를 지켜보고 담아 두었던 양식을 쓰고 또 쓴다.

9 순발력과 재치?
나에게로 달려오는 소를 동서남북 없이 피하는 것.

10 남을 볼 수 있는 눈?
내가 알고 있는 사실들을 버리면 보인다.

11 상대를 제압하는 힘?
소의 코에 고삐를 달고 그 끝을 놓지 않으면 된다.

12 다스리는 마음?
어리석음을 찾고 후회했으면 반성을 한다.

13 끊임없는 정력?
한 개의 콩을 심고 가꾸며 거듭 가꿈을 버리지 않았을 때.

14 여자들의 마음?
너의 마음과 생각들이 곧 여자들의 마음이다.

15 항상 즐거운 일?
실수를 했을 때 고치는 일과 버릇없는 자식을 바르게 하는 일.

16 실천하는 나?
잡다한 생각을 버리고 하나만 얻으려는 노력.

17 어리석음도 보여주는 힘?
항상 배우는 학생이라고 생각하면 된다.

18 복 받는 사람?
자연의 모든 것은 나의 생명이고 젖줄이라고 생각하는 사람.

19 공덕을 쌓는 것?
주고받는 것을 배우고 익혀서 실천하는 것.

20 잘 사는 인생?
아픔을 억울하다고 생각하지 않고 극복할 줄 아는 사람.

21 관상이 좋으려면?
과장된 마음을 버리고 인상이 좋게 보이려는 마음까지도 버렸을 때.

22 나를 존경할 수 있을까?
어제보다 오늘을 발전시키는 생각까지 해냈을 때.

23 사람들의 행동?
내가 눈을 뜨고 바라볼 때 움직이는 것이고 바라봄의 법칙에 의해 배우고 배워준다.

24 남이 나를 알 수 있나?
내 마음이 움직이고 있을 때 보고 있다.

25 시간과 공간 초월?
내 마음이 공간이요, 시간이다. 보지 못한 걸 보

았을 때 초월이다.

26 현실 도피?
아픔을 맛보지도 않고 눈을 감고 자는 것.

27 건강한 체격?
게으름을 버리고 과한 힘을 쓰지 않으면 건강한
체격을 얻는다.

28 돌팔이란 말?
돌아다니면서 약을 파는 것.

29 잘 할 것이다?
내가 아는 사실만을 실천하면 된다.

30 돈이 없다?
노력과 실천이 잘못되어 있으면 없다.

31 나의 자랑?
대화의 연결 고리.

32 좋은 그림?
그 누가 보아도 '아! 하고 감탄할 수 있는 것.

33 자유로움?

번데기가 나비가 되었을 때.

34 결론과 현실?

눈을 감고 자는 것이 결론이며, 눈을 뜨고 움직이는 것이 현실이다.

35 학문은 인격인가?

학문은 얻어 놓은 씨앗이고 인격은 씨앗을 가꿀 수 있는 기술과 연장이다.

36 행복한 가정?

힘들고 괴로워도 가족과 다정하고 화합하며 기쁨을 창조하는 가정.

37 새벽 시간, 공짜?

03시부터 07시까지는 문명인의 여유분이다. 이 시간에 할 일이 없어도 일어나서 생각이라도 하고 있으면 공짜 복을 얻는다.

38 영혼과 귀신?

영혼은 생명의 신이고, 귀신은 오염된 잡념이다.

39 배부른 자, 밥 주지 말라?

배부른 자에게 먹을 것을 주는 것은 독약을 먹게 하는 것과 같다.

40 노래와 치료?
소리는 힘의 근본이기 때문에 세포와 순환기를 활발하게 움직여 준다.

41 마음대로……?
옷을 입고 벗는 것이 마음대로다.

42 시원, 시원한 것?
갈까, 말까는 막힌 것이요, 올래, 갈래가 빨리 정해지면 시원한 것이다.

43 잘 먹는 것?
음식은 나의 피와 살이며 생명이다.

44 좋은 몸의 향기?
기쁨이 있는 마음은 즐거운 향이 나온다.

45 종교의 매력?
나의 어리석음을 공부시켜 주는 매력이 있다.

46 능력 있는 사람?

작은 것을 크게 쓸 줄 아는 사람이다.

47 공짜는 싫어?
공짜는 내 몸의 사마귀나 때와 같다.

48 선구자?
어미 잃은 양을 길러서 방생하는 마음.

49 부드러우면서 강한 자?
물을 움직이는 것은 바람이다.

50 끌리는 매력?
한여름의 그림자.

51 보고도 보지 못한 것?
멀리 있는 산은 보았고, 그 산을 들어가 보지 않은 것.

52 나는 누구인가?
내가 아는 사실이 나다. 실천한 것과 실천하지 않은 것까지가 나다.

53 진리를 찾으려면?
자연의 있는 그대로를 보고 이 모든 것이 어디

에서 왔으며 어디로 끌려가는지 끊임없이 생각을 버리지 않으면 진리를 찾게 된다.

54 무아의 세계?

언제, 어디서나 내가 서 있는 곳이 무아의 세계이다.

55 공감대를 형성하려면?

땅에다 콩을 심어 싹을 틔우듯 마음씨를 주고받으면 된다.

56 병을 치유하는 가장 좋은 방법?

맵고, 짜고, 쓴 음식도 맛있게 먹을 수 있듯이 생각도 사람도 세월도 맛있게 먹으면 된다.

57 마음먹기에 달려 있나?

물에다 소금을 넣으면 짠물이 된다. 아는 것을 움직일 때이다.

58 나를 인정받으려면?

남도 할 줄 아는 것을 더 잘 하면 된다.

59 교주의 '힘'과 '능력'?

어버이가 힘이요, 자식을 가르치는 게 능력이다.

60 마음대로 흔들리고 싶을 때?

넓고 깊은 물에 빠져 보아라. 살고 싶을 것이다.

61 허세를 떨고 싶을 때?

먼 거리를 지칠 때까지 달려 보아라.

62 '이기심'과 '아집'?

나의 못남을 보여주지 못하는 것이 이기심이요,
의지하고 싶은 마음이 아집이다.

63 병은 자기가 만드나?

내 마음이 맑지 않으면 구더기가 들끓는다.

64 '삶'과 '죽음'?

보이는 것이 삶이요, 보이지 않는 것이 죽음이다.

65 잘 난 척하고 싶을 때?

자신을 칭찬할 것이 없어 외로워서 즐거워하려
고 한다. 무거운 돌을 머리에 이고 있어 보아라.

66 여자를 사랑하고 싶을 때?

이해할 수 없는 나의 실수를 범하여 보아라.

67 울화통이 터지면?

달걀로만 머리를 감아 보아라.

68 부자가 천국 가기 힘들다?

가난한 놈이 의지하고 싶어서 붙잡고 원망하기 때문이다.

69 정을 잘 쌓으려면?

이익을 남에게 주어라.

70 고 스톱을 잘 하려면?

고 스톱을 배워서 돈을 많이 잃어 보아라.

71 손님 오래 만지는 것, 도둑의 마음?

눈 먼 봉사를 내 마음대로 끌고 다니는 것이 도둑의 마음이 아니고 무엇이겠는가?

72 부적의 효과?

부적을 받는 사람의 믿음이 깊으면 효과가 있다.

73 선생님의 건강 비결?

감기를 두려워하지 않고 아픔을 찾지 않는다.

74 돈 일억 원을 빌릴 수 있는 사람(담보 없이)?

일억 원을 갚을 수 있다고 보이는 사람.

75 이웃과 정을 쌓으려면?

인사를 잘 하고 음식을 나눠 먹고 나를 편하게 대하도록 하라.

76 누구에게나 인기를 얻으려면?

편견을 버리고 나를 편히 대할 수 있도록 하고 아부가 아닌 칭찬을 찾아라.

77 근심, 걱정을 없애려면?

근심과 걱정은 하는 것이다. 고통으로 몰고 가지 말라.

78 순하고 착함은 왜 안 되나?

착하고 순함은 지식과 능력, 지혜가 아니기 때문이다.

79 남을 미워하려는 마음?

자신의 마음을 알고도 못 본 척하니까 남을 미워한다.

80 깨달은 사람?

나의 발이 닿는 곳이 땅이요, 보이는 것이 하늘이라고 아는 사람.

81 공부를 잘 하려면?

모든 것을 끊임없이 반복하여 배우고 익히는 것뿐이다.

82 부자의 마음?

작은 것도 크게 아는 사람.

83 수조원 가족 더 많은 발전은?

참된 것을 더 깊이 널리 알렸을 때.

84 두려움이 없는 마음?

처음 닿는 것이 두려움이요, 자주 닿는 것이 두려움이 없는 것이다.

85 수조원은 약과 침이 없다?

마음의 향기 철학이기 때문이다.

86 오랫동안의 인연?

나와 지구는 내가 죽는 날까지 같이 있다.

87 건강한 정신?

내가 보아도 칭찬할 수 있는 생각을 얻어냈을 때 건강한 정신이다.

88 정성스러움?
밥솥에 쌀이 밥이 될 때까지 다하는 마음과 같다.

89 나를 따라 다니는 말?
나를 따라 다니는 칭찬과 부정과 지적의 말들.

90 변해야 하는가?
모든 것은 변화되지 않으려고 해도 끊임없이 변하고 있다.

91 거듭 변명?
변명을 하고도 들키면 변명을 거기에 더하는 것.

92 자기가 가는 길?
누구나 가고 있을 뿐이다.

93 많이 발전할 수 있게?
많이 생각하고 실천하면 된다.

94 대단한 사람?
자신을 널리 참되게 알릴 줄 아는 사람.

95 귀머거리?
내가 아는 사실을 또 들으려고 하지 않는 사람

은 새로움이 없어서 귀머거리다.

96 장님?

나쁜 것만 보고 있다가 좋은 것을 못 보는 사람이 장님이다.

97 '갈등'과 '고뇌'?

선별하는 마음이 과하면 선별하지 못하여 고뇌한다.

98 사람다운 사람?

말로만 다스려질 수 있는 사람.

99 '스승'과 '제자'?

모르는 것을 배우는 것이 제자요, 아는 것을 가르치는 것이 스승이다.

100 그대와 단둘이?

단둘이 있고 싶은 마음은 나의 오염된 것들을 정화하는 힘이오.

1 병은 왜 생기나?

육신은 정신의 집이다. 정신을 함부로 쓰면 육체 어느 부위인가 틈새가 나서 이물질이 쌓여 정신까지 상처를 준다.

2 이치를 알려면?

자연을 지켜보면 있는 그대로가 움직인다. 이것이 원리이고, 활용하면 이치다. 더 깊이 거듭 거듭 지켜보고 생각해 보라!

3 마음의 근본?

정신이 물고기라면, 마음은 바닷물과 같다.

4 늙으면 어린애가 되나?

늙는다고 다는 아니지만 더러는 노력과 실천과

지식을 버리고 어린애처럼 보호받고 사랑받을 마음만 깊어져서 어린애처럼 되기도 한다.

5 나를 찾는 방법?

깊은 물에 빠져 있을지라도 나는 나인데 더 찾아서 무얼 할꼬? 물에서 나와 쓰레기더미에 묻혀 있는 이들이나 꺼내어 물로 씻어 드려라!

6 '3'과 '7'은 행운의 숫자?

3은 해와 달, 별이 나를 기쁘게 하여서 행운이다. 7은 내 몸에 상처가 나면 7일 만에 나았다고 안정되어 흐뭇한 행운이다.

7 나를 변화 시키려면?

작은 산에 있거든 크고 높은 산에 가서 놀아 보아라.

8 지구가 도는 까닭?

지구가 도는 까닭을 알면 지구 만드는 공장을 차리려고 질문했는가? 네가 타고 다니는 자동차나 같은데 쓰다 쓰다 못 쓰게 되면 바꿔 타라.

9 고통은 어디에서 나오나?

너의 오른손과 왼손을 망치로 쳐 보아라! 망치가

고통은 어디에서 오는지 가르쳐줄 것이다.

10 자연과 나와의 관계?
네가 먹는 밥이다.

11 사람은 물 속에서 살 수 없나?
물 속에서 살 수는 있는데, 5분 이상은 못 살더라……

12 귀신의 존재?
귀신의 존재는 기억뿐이다.

13 믿음?
땅에 콩을 묻어 놓고 콩이 난다고 믿어 보아라.

14 궁합은 맞나?
궁합의 의미는 합당한가를 가리는 것이다. 개구멍이 크면 큰 개나 강아지나 다 통과할 수 있고, 개구멍이 작으면 쥐도 못 드나든다. 어리석은 강아지는 작은 구멍을 보고도 들어가려고 낑낑댄다.

15 우주의 크기?
우주의 크기를 잴 수 있는 잣대가 없구나.

16 사람은 소우주?

사람을 소우주라고 이름을 바꾸고 모두가 인정한다면 그럴 것이다.

17 생로병사(生老病死)?

한 그루의 나무가 고목이 되면서 썩어지고 말면 죽는구나.

18 죽어서 가는 곳?

죽어서 갈 곳이 많고 많은데 알려주기도 힘들지만 알려주면 관광이라도 다녀올 건가?

19 지옥?

씨앗을 심어 싹이 잘 트는 땅을 옥토라 한다. 오염된 쓰레기는 불에 태워서 버리는 곳이 지옥이더라.

20 별이 빛나는 것은?

빛이 날 때 내가 볼 수가 있다.

21 '삶'과 '죽음'?

항아리에 고추와 꽃나무를 심어서 잘못 가꾸었더니 빨리 죽게 되고 잘 가꾸었더니 건강하게 살다가 죽더라.

22 정해진 운명?
운명은 움직이는 것인데 뛰어 다니면 뛰는 운명,
기어 다니면 기는 운명이 되느니라.

23 사람은 태어나서 왜 빨리 서지 못하나?
아기에겐 발힘이 없기 때문이다.

24 나무가 오래 사는 이유?
지구에 먼저 오신 도사가 좌선을 하고 있기 때문
이다.

25 무속인이 되는 사람?
믿음을 무속에다 심었기 때문이다.

26 무속인은 신이 들어올까?
사람과 귀신이 만나서 대화하는 것을 보지 못해
서 모르겠다.

27 치료의 근본?
목마른 사람에게 물 한 컵을 드리는 것과 같다.

28 나라마다 언어가 다른 것은?
그림 그리는 이들이 그림을 다르게 그리는 것과
같다.

29 안 먹고 사는 방법은 있나?

안 먹고 사는 방법은 눈을 감고 누워서 죽을 때까지 잠만 자면 되느니라.

30 기(氣)?

오염된 공기는 오염 기고, 맑은 공기는 맑은 기다.

31 신영혼백(神靈魂魄)?

신 : 소리, 영 : 빛, 혼 : 향, 백 : 맛.

32 소리?

소리는 숨어 있는 힘이다. 깨우면 천지가 진동한다.

33 높고 낮음?

높이 있는 것은 머리 위의 해이고, 낮은 것은 발 밑의 땅이로다.

34 사투리?

학문의 자투리다.

35 태양은 왜 뜨거운가?

촛불을 켜놓고 손가락을 촛불에다 대고 있어 보

아라. 캄캄한 밤에 촛불을 앞에 놓고 밝은 마음이나 깨우쳐라.

36 달은 왜 차가운가?

아폴로 우주선을 타보지 않아서 모르겠다.

37 '음(陰)'과 '양(陽)'?

어머니가 음이며 아버지가 양이고, 아들이 양이며 딸이 음이다. 이를 더 따져 본다면 주는 것이 양이고 받는 것이 음이요, 더하는 것이 양이고 빼는 것이 음이다.

38 눈으로 볼 수 있는 한계?

눈으로 보는 한계란 없다. 거듭 깊이 보아라.

39 명당?

그 어떤 나무라도 심어서 잘 자라고 크는 곳은 명당이다.

40 입덧?

먹을 음식을 먹여주어도 입 다물고 못 받아 먹으면 입에다 덮을 놓은 것이다.

41 색의 힘?

아무 데나 물드는 힘이다.

42 바닷물이 짠 까닭?
까닭을 아는 이를 빨리 찾아가 배워 와서 나도 좀 가르쳐다오. 듣고 보니 궁금하구나.

43 지구의 끝?
네가 서 있는 곳이니라.

44 꿈은 앞날에 대한 예시?
마음이 맑으면 그러하다는데 밥 먹고 사느라고 마음이 맑지가 않구나.

45 기도의 힘?
내가 심은 씨앗을 잘 가꾼 것보다 수억 배 더 큰 힘이다.

46 게으름?
게으름은 집 나간 들개만도 못한 것이고, 동냥을 해서 밥 먹고 사는 이보다 못한 것이다.

47 밤에 자는 이유?
잠을 안 자본 놈이 찾아와서 질문하면 가르쳐 주마.

48 공짜 복?
숨 쉬고 있지 않은가?

49 사람의 욕심?
나를 오염시키고 타인을 오염시키는 것.

50 여름은 덥고, 겨울은 추운 까닭?
나는 여름에 옷을 벗고 싶고, 겨울에는 입었던 옷을 벗기가 싫더라.

51 '교만' 과 '자만' 은 어디서 생기나?
교만은 학교에서 생기고 자만은 집에서 생긴다. 교만이 과한 자는 어버이, 스승, 자식을 버릴 사람이고, 자만이 과한 자는 어버이, 스승, 자식을 두들겨 패줄 사람이다.

52 '한약' 과 '양약' ?
한약은 자연을 순응하는 철학이고, 양약은 자연을 분해하는 철학이다.

53 자신감?
어리석음이 있을지라도 자기가 아는 만큼만 쓸 줄 알면 모르는 것을 모른다고 자신 있게 질문할 수 있다.

54 피라미드?
피라미드를 자세히 살펴보지 못해서 모르겠다.
학문에서 배워라.

55 우주인?
우주인을 만나게 되면 가르쳐주마.

56 노력의 한계?
노력의 한계는 없지만 쉬어 갈 줄도 알아야 한다.

57 '거짓' 과 '진실' ?
거짓은 남을 괴롭히는 것이고 자신은 더럽혀지
는 것이다. 진실은 남을 이롭게 하는 것이고 나
는 밝고 맑아지는 것이다.

58 종교의 의미?
종교는 어리석음을 깨우쳐주고 오염된 정신을
정화시켜 주는 의미가 있다.

59 아기 얼굴의 주름?
아기 얼굴의 주름은 신경을 못 써서 아직 보지
못했다. 왜 그러는지 살펴보자꾸나.

60 어머니 품속이 포근한 이유?

어머님은 그저 포근하기만 하더라.

61 '미움'과 '병'의 관계?
미움과 병은 친구라고나 할까 보다.

62 '선'과 '악'?
선은 나와 남에게 기쁨과 즐거움을 주는 것이고, 악은 남과 나에게 끝없는 고통이 거듭되는 것이다.

63 '아담'과 '이브'?
아담과 이브가 궁금하면 하나님을 믿는 목사님에게 여쭈어 보아라.

64 조물주의 존재?
조물주는 문명인의 학문에서 대화하노라.

65 조물주는 누가 만들었나?
학문이 있어 조물주란 이름 지어주고 고민한다.

66 가족?
우리 집에 같이 살고 있는 사람이 우리 가족이다.

67 인연?

물고기가 물 속에서 밥 먹고 건강하게 살면 인연이다.

68 악연?
물고기가 오염된 밥을 먹고 죽으면 악연이다.

69 필연?
물고기가 암컷과 수컷을 만나 새끼 낳고 사는 것이다.

70 부부의 연?
남녀가 만나 잘 살면 부부 인연이다.

71 이혼은 악연?
악연과 필연의 중간도 못 되는데…….

72 하나의 법칙?
살고 죽는 법칙은 같고, 쓰고, 말고 법칙도 모두가 하나이다.

73 똑같은 얼굴은 없나?
없다.

74 '오른쪽'과 '왼쪽'이 다르다?

한 곳에서 오른손과 왼손이 갈라지며 만들어졌는데, 서로가 떨어져 있으니 다르다 하노라.

75 좋아함은 소유?
좋아한다고 모두 다 소유할 수 있는 것은 아니다.

76 사랑은 베풂?
사랑은 낳아서 보호하며 생각을 나눔이니라. 또한 감정을 주고받는 것이다.

77 약의 힘?
배가 딱 고팠을 때 먹는 음식의 힘이로다.

78 마음에 품으면 이루어진다?
마음에 품는다는 것은 씨앗을 꼭 구해야겠다고 하는 것과 같다. 마음에 둔다는 것은 씨앗을 구했음이고, 노력이라 함은 씨앗을 관리하는 것이고, 실천이라 함은 씨앗을 땅에 심는 것이고, 지혜라 함은 씨앗이 잘 자랄 수 있는 땅을 찾는 것과 같고, 이룬다 함은 잘 가꾸는 것이다.

79 생각의 차이?
많은 물질이 다른 것과 같다.

80 '산'과 '물'의 관계?
그저 그러하다.

81 왜 발부터 죽나?
이치가 이렇다. 머리는 나무뿌리와 같고, 발은
나무의 끝과 같다.

82 전생?
전생을 가 보려고 하니 너무 멀고 멀다. 남은 인
생이 할 일도 많은데 아까워서 못 다녀오겠다.

83 윤회?
내가 크고 작게 말하던 소리가 나의 몸으로 되돌
아오더라.

84 '시작'과 '끝'?
말을 하였더니 시작이라 했고, 말을 마치니 끝이
라고 하는구나.

85 우주의 끝?
나의 눈이로구나.

86 정상화 작용?
해와 달, 별이 제대로 왔다 갔다 하는구나.

87 영원히 잊을 수 있나?
상처는 남아 있지만 아픔은 사라진다.

88 인간이 가진 힘?
자유롭게 쓸 수 있는 정신.

89 끝없는 것의 끝?
마음뿐.

90 마음을 편하게 하려면?
오염된 생각으로 마음을 오염시키지 마라.

91 부자의 마음?
작고 작은 것을 남이 크게 쓰도록 일어주는 정신
이고, 작고 작은 것을 얻어서 더욱더 크게 쓰는
정신을 마음에 심어둔 것이다.

92 마음이 아프냐?
근본은 정신이 아픈데 마음이 아프다 하는구나.

93 '기쁨' 과 '즐거움' 은 명약?
최선의 명약은 귀, 눈, 입, 코이니, 밝고, 맑고, 깨
끗하게 하여라.

94 베풂이란?

보답은 '고맙습니다' 를 갚는 것이고, 보시는 '고맙습니다' 를 주는 것이며, 베풂은 '존경합니다' 를 나누어주는 것이다.

95 사랑의 묘약?

보답과 보시와 베풂을 깊이깊이 깨우치면 스스로 알게 되리라.

96 암 발생 원인?

어항 속에 작은 돌이 어쩌다 빠지면 물고기가 잘못 먹고 부대낀다. 먼저 표현의 장애물을 없지 말라. 어항 속의 물이 마음이고, 물고기가 정신이고, 고기밥이 생각이라면 짜증, 교만, 자만, 신경질 등은 고기밥의 첨가제인데, 어쩌다 이것이 순간에 과해서 암이 발생하는 것 같다.

97 자존심?

먼저 귀, 눈, 입, 코를 가만히 깊게 살펴보면, 그곳에 '마음 심(心)' 자가 똑같이 그려져 있음을 알 수 있다. 이것이 또한 자신의 몸에 존재한다. 그래서 이목구비가 거슬리면 자존심을 움직인 것이다.

98 밝고 맑음?

맑음은 물에서 깨우쳐야 하고, 밝음은 어두운 밤에 촛불로 깨우쳐야 한다.

99 지적?

지적은 어둠 속의 성냥불과 같다.

100 깨달음?

별들에게 물어봐…….

'걸림돌'은 돌아 가고 '디딤돌'은 걸어 가거라

1 상대적인 것?
오른손과 왼손.

2 절대적인 것?
자존심을 지키고 가꾸어라. 네가 존재하는 이 땅
의 생명이다.

3 마음이 꽉 차 있는 상태?
듣고, 보고, 맡고, 먹고, 닿은 것.

4 마음을 비운 상태?
무식(無息)······.

5 소우주인 것을 느끼려면?
내가 서 있는 곳에서 닿을 수 있고 볼 수 있는 곳

까지······.

6 생각에 있는 눈과 귀를 알아채려면?
마음에 있는 것이 보았던 것이요, 들리는 소리가 있는 것이다.

7 예지력을 가지려면?
많은 지식을 얻고 견문을 쌓아 생각을 깊이 하면 지혜로워진다.

8 부지런함의 근본?
배움과 행할 일을 미루지 않는 것.

9 게으름의 근본?
배움과 행할 일을 미루는 것.

10 형식적인 것?
예의와 지식은 형식일 뿐이다.

11 체면치레?
색칠만 하는 물감이다.

12 외적인 것?
내가 보고 듣고 닿은 것은 지혜의 자료이다.

13 내적인 것?

내가 보고 듣고 닿은 것을 마음에 둔 것은 지혜의 내적 통로이다.

14 '한가함' 과 '바쁨'의 사이?

얼렁뚱땅 배부른 새는 한가롭고, 배고픈 새는 바쁘다.

15 수고하는 것?

두고 먹을 물 항아리에 물을 가득 채우는 것.

16 봉사하는 것?

기쁨과 즐거움과 맑음을 주는 것.

17 남의 말에 걸리지 말라?

의심 없이 남의 말에 매달려 행할 일을 못하는 위험.

18 아는 사실 표현 잘 하기?

이해시키려는 고정된 표현보다는 남도 나도 알 수 있는 사실 속에서 의미를 찾아 이끌어 써야 하고 '~이듯이'를 잘 사용해 보아라.

19 업을 소멸하는 길?

모든 생업(生業)은 죄가 아니라 행(行)이다(행복
과 불행일 뿐이다). 지식과 견문을 더 쌓아서 지
혜로우면 된다.

20 인간답다는 것?
지식과 견문과 행이 일치하고, 남과 내가 더러운
때를 묻히지 않는다면…….

21 줄 때의 마음가짐?
그저 주고 싶은 마음뿐이어야만 한다.

22 받을 때의 마음가짐?
식사 때 밥 얻어먹는 마음뿐이어야 한다.

23 안전거리?
밝고 맑은 거리.

24 의지하는 마음?
아기가 엄마, 아빠 없으면 불안해하는 마음.

25 자신을 더 잘 알려면?
나의 현재보다 더 잘 배우고 익혔을 때.

26 성실함?

식사를 지저분하게 하지 않는 것.

27 철이 없다?
모든 씨앗을 한 곳에 파묻는 것.

28 철이 들었다?
논과 밭에 씨앗을 뿌려 잘 가꾸는 것.

29 존경심을 표현하려면?
존재하는 금강산을 보고 감탄하더라.

30 앞서가는 사람에게 진정한 찬사를 보내려면?
명산을 보니 기쁜 마음에 악의가 없어지더라.

31 기다림은 희망?
가뭄에 비를 기다리니 할 일이 많더라.

32 오로라를 잘 보려면?
가까이 가 보라.

33 죽음을 잘 맞이하려면?
때가 되면 누구나 죽는 것을, 걱정은 왜 하는고!
할 일을 제쳐두고 말이야!

34 사후 시신 기증에 대하여?

늙어 죽는 사람은 기증을 할 수도 없다. 단 할 수 있는 사람이 기증을 하면 의학은 발전되겠지…….

35 예방주사는 맞는 것이 좋을까요?

예방주사 나름이다.

36 누구나 투시를 할 수 있나요?

온갖 경험이 많다면.

37 유체이탈 누구나 가능한가요?

유체이탈은 죽은 뒤에 하는 것이다.

38 전천후 체질?

고정관념과 선입견을 버린다면.

39 전천후 성격?

누구나 전천후다. 단 분별심과 시시비비를 가리기 때문에…….

40 소유욕?

있는 것은 나이다. 없는 것을 요구하는 것이 욕심이다.

41 지배욕?
움직일 수 있는 것이 지배다. 움직일 수 없는 것을 움직이려 하는 것은 욕심이다.

42 사람마다 보호령이 있다는데?
귀, 눈, 입, 코, 느낌이 보호령이다.

43 건강한 얼굴색?
탁하지 않고 그늘지지 않은 얼굴.

44 개방한다는 것?
감춤을 버린 것.

45 폐쇄적인 것?
어항의 물을 갈지 않은 것.

46 벼락 맞은 나무의 쓰임새?
불태우는 데 쓰인다.

47 신뢰를 얻음?
똥, 오줌을 가릴 줄 아는 것.

48 신뢰를 잃음?
똥, 오줌을 못 가리는 것.

49 적선의 의무?
참 뜻을 전하는 것.

50 나를 재는 잣대는?
귀, 눈, 혀, 입과 현재의 나다.

51 신용 관리는?
머리를 잘 감는 것.

52 사람은 몇 번이나 다시 태어납니까?
너의 세포만큼 하고도 더 많이……

53 과실나무에서 열매를 딸 때 나무가 좋아할까요?
무거우니 가벼워졌다고 하겠지?

54 자만심?
자기만 만족하려는 마음.

55 열등감?
남을 험내는 마음.

56 자신감?
두려움을 버린 마음.

57 변화에 필요한 것?
방법을 바꾸어야 한다.

58 건강한 생활?
홀로 놀아도 기쁨과 즐거움을 창조하는 생활 습성이 있을 때.

59 '건전'과 '불건전'의 기준?
건전함은 남을 기쁘게 하는 것이고, 불건전함은 남을 괴롭히고 나는 더러워지는 것이다.

60 금품을 빼앗으려는 사람과 마주했을 때의 처신법?
주운 금품을 주인을 만나서 주는 마음으로 아낌없이 던져주어 버려라.

61 '허수아비'와 '참새' 사이?
허수아비는 보여 주고, 참새는 보아주는 사이다.

62 '걸림돌'과 '디딤돌'?
걸림돌은 돌아가고, 디딤돌은 딛고 걸어가거라.

63 과거, 현재, 미래의 관계?
지구촌 관계.

64 빛이 된다는 것?
어두운 밤의 촛불은 나를 위해 내가 켜는 것이다.

65 소금이 되라는 뜻은?
어리석은 사람은 내가 먹을 음식에도 간을 맞출 줄 모른다.

66 잘한 것의 돌아옴?
밭에 심은 콩은 가지가 많은 열매가 되어 있구나.

67 잘못한 것의 돌아옴?
밭에 심지 않은 고추는 씨도 보이지 않는구나.

68 집안의 벌레는 잡아도 되나요?
그 무엇을 사용해서라도 도망가게 하여라.

69 다니는 길에 자라는 풀은 밟아도 되나요?
소리만 내는 풀은 밟아도 되고, 생기 나는 풀은 밟으면 안 된다.

70 완벽함?
좋은 터에 집을 짓는 것과 좋은 밭에 곡식을 심어두는 것.

71 **매사에 의미를 둔다는 것?**

만물은 소리가 있고 움직임이 있으며, 색이 있 노라.

72 **사랑하는 사람에게 남겨줄 것?**

맛있는 음식을 잘 먹고 나면, "아하! 잘 먹었습니 다" 하고, "또 먹고 싶다" 하느니라.

73 **이해?**

하나 이상이 이해이다.

74 **인정?**

상처를 치료해 주는 마음.

75 **복이 있는 것?**

보고 있을 것이 많은 것.

76 **최면에 잘 걸리는 사람?**

생각이 단순해서 감동을 잘 하는 사람.

77 **제 복은 제가 타고 난다는데?**

삶이 있는 곳에 제 복과 물류와 의복이 널려 있다.

78 **하나를 보고 열을 아는 경우?**

열무로 열 가지 음식을 만들어 보아라.

79 열을 보고도 하나도 모르는 경우?
열 사람을 보고도 한 사람도 못 사귀는 것.

80 정해진 때?
네가 서 있는 때.

81 인간적 완성?
결혼을 했더니 아기가 태어나고 잘 살아가더라.

82 주고 주어도 모자른 것?
보아주는 것.

83 갚고 갚아도 못 갚는 것?
받은 소리.

84 가족 인연의 근본?
나의 머리털과 같다.

85 부모님 마음의 근본?
나의 눈과 같으니라.

86 스승님의 마음은?

때 묻은 의복을 빨아줄 수 있는 마음.

87 제자의 마음가짐?
스승의 양말을 빨아줄 수 있는 마음가짐.

88 불효?
부모님을 괴롭히고 외롭게 만드는 것.

89 형제간의 우애?
나의 귀, 눈, 입, 코와 같아야 하느니라.

90 형제 중의 원수지간?
용서와 포용이 꼭 있어야 한다.

91 영원이란?
나의 생명이 닿을 때까지.

92 우주인이 존재합니까?
우주 인간은 지구촌에 존재하고 있다.

93 '하늘'과 '구름'?
하늘은 밝음도 맑음도 없는 마음과 같고, 구름은 색이 있는 것이다.

94 한결같은 마음?

오염되지 않은 마음.

95 편안한 얼굴?

행복을 먹은 사람.

96 건강관리?

그저 열심히 살면서 분노와 시기심을 버려라.

97 어린이를 볼 때의 마음?

자식을 낳아본 어머니의 마음이다.

98 친정어머니와 시어머니?

친정어머니는 나를 낳아 길러주신 어머니고, 시어머니는 나를 가족으로 인정해 주신 어머니다.

99 하늘 마음?

밝고, 맑음도 없는 어리석은 마음.

100 인연의 기간?

닿은 만큼……

씨는 능력이고, 열매는 도구이다

1 인간은 왜 사는가?

인간의 몸에서 생명이 떠나지 않기 때문에 생명을 유지하고 살아가는 것이다.

2 잘사는 길은?

필요성을 찾아 깊이 행(行)하는 것이다.

3 참된 행복이란?

과장되지 않은 행이 있었을 때 참된 행복을 얻을 수 있다.

4 사랑이란?

사람을 깊이 알고 실천하는 것이다.

5 건강을 지키려면?

과욕을 부리지 않고 행하면 건강을 지킬 수 있게
된다.

6 즐거움이란?
내가 행한 일과 행할 일을 후회없이 감사함과 기
쁨으로 느낄 때.

7 기쁨이란?
은혜와 감사함을 이루고 가꾸었을 때 기쁨을 알
수 있게 된다.

8 복을 받으려면?
힘들여 가꾼 곡식은 열매가 기름지더라.

9 돈을 잘 벌려면?
뛰지 않고 걸어야 한다.

10 주인이 되려면?
도구와 필요성을 찾아 실천하면 주인이다.

11 자존심이란?
스스로 행을 지키고 가꾸는 것이다.

12 명예란?

꼭 필요한 도구가 되었을 때…….

13 권력이란?
논과 밭에 곡식을 가꾸는 것도 권력이다.

14 수양을 잘 하려면?
도구를 잘 만드는 것도 수양이다.

15 결혼생활을 잘 하려면?
상대를 가꾸어주고, 또한 나를 가꾸어가고 서로
화합하는 실천이 깊었을 때.

16 고통은 무엇인가?
달리다가 지쳐서 숨 가쁠 때 고통스럽다.

17 깨달음의 본질?
하나를 얻어 만 가지의 필요성을 아는 것.

18 나눔이란?
감정을 실천으로 교환하는 것.

19 마음은 무엇인가?
능력이다.

20 믿음이란?
능력을 행하는 것이다.

21 효도하는 법?
나의 능력을 지혜롭게 어버이에게 바치는 것.

22 선각자가 되려면?
그 누구에게도 이익이 되는 도구와 필요성이 되어주는 것.

23 성공하려면?
나 자신이 도구다운 도구가 되는 것.

24 스승이란?
도구와 필요성을 가식 없이 정확하게 가르쳐주는 것.

25 실패란?
도구 사용법을 몰랐을 때……

26 신념을 가지려면?
자신의 능력을 업신여기지 말아야 하며, 남의 능력 또한 과소평가하지 말아야 한다.

27 자존심이란?
적응능력을 활발하게 쓰는 것.

28 업보란?
내가 가꾸어 놓은 곡식(열매)을 보는 것.

29 열반이란?
생명과 사람의 몸을 자연에게 바치는 것.

30 영감을 얻으려면?
두려움을 버렸을 때.

31 완전 자각에 이르는 길?
영구적 필요성을 구하는 것.

32 용서란?
도구가 고장났을 때 다시 고쳐 쓰는 것.

33 이기심을 이기려면?
나를 과장하려는 마음을 버려라.

34 죄의식에서 벗어나려면?
자신이 완전한 도구가 되었을 때만이 죄의식에
서 해방될 수 있다.

35 지혜롭게 살려면?
그 누구에게도 해(害)가 되지 않는 필요성을 깊이 찾고 실천하라.

36 건강 호흡법?
걷고 뛰는 것.

37 진리란 무엇인가?
빛과 물이며, 생명이다.

38 집중력을 기르는 법?
도구를 찾아라.

39 병이란?
도구가 고장 나는 것.

40 약이란?
필요성을 찾아 실천하는 것.

41 약속이란?
아주 쓴 약을 먹여주는 것과 같다.

42 진정한 용기란?
힘이 들지라도 논밭에서 일하는 것이다.

43 영혼이란?
형체가 보이지 않는 생명.

44 잠은 왜 자는가?
지치면 쉬는 것과 같다.

45 미움이란?
필요성을 버리는 것.

46 죽음이란?
생명이 도구를 움직이지 못하는 것.

47 순수성을 지키려면?
나의 도구와 남의 도구를 함부로 쓰지 않는 것.

48 공부는 왜 하는가?
도구와 필요성을 가꾸기 위해서.

49 시간을 유용하게 쓰려면?
생각은 시간을 초월하는 것이다.

50 실천력을 기르려면?
실천을 했을 때만 아는 것이다.

51 치료를 할 때의 마음가짐은?
필요 이상을 구하지 말며, 필요성만을 찾아라.

52 인생을 잘 관리하려면?
필요 이상을 구하지 않는 것이 인생을 관리하는 최상책이다.

53 명상하는 방법?
때 묻은 생각을 정화하라.

54 창의성을 개발하려면?
새로운 필요성을 구하여 도구와 필요성을 힘이 들지라도 실천하는 것.

55 지도자가 되려면?
도구와 필요성을 깊이 알고 실천하라.

56 견문을 넓히려면?
도구와 필요성을 구해야 한다.

57 미신이란?
가꿀 수 없는 진리.

58 배움의 자세?

필요 이상을 찾지 않는 마음가짐.

59 사명감은 어디에서 오는가?

자신이 도구로써 최선을 다할 때.

60 열등감을 극복하려면?

조급하면 빨리 지친다.

61 지혜를 얻으려면?

도구와 필요성을 깊이 알았을 때 지혜를 얻게 된다.

62 사람의 마음을 읽으려면?

도구와 필요성을 깊이 알면 상대를 정확히 볼 수 있다.

63 사람을 내 편으로 만들려면?

모든 사람에게 필요한 도구가 되어라.

64 운명이란?

움직이는 것이 맑고 밝게 보이는 것.

65 기의 실체는?

내가 움직이는 만큼 공기가 빠르고 느리게 움직

이는 것과 같을 뿐이다.

66 기억력을 기르려면?
한 생각을 많이 해두면 기억력이 좋아진다.

67 약한 마음을 강하게 하려면?
아는 것을 실천하는 것이다.

68 참된 친구란?
좋은 감정을 버리지 않고 나쁜 감정을 수용할 수 있는 친구.

69 건강하게 살려면?
실천이 과하지 않는다면 건강한 삶을 유지할 수 있다.

70 '강함' 과 '약함' ?
실천하는 것이 강함이고, 실천을 버리는 것이 약함이다.

71 발상을 전환하려면?
새로운 필요성을 찾는 것이다.

72 뚜렷한 목표를 가지려면?

한계를 두려워하지 말 것.

73 강한 믿음을 가지려면?
필요성을 버리지 말 것.

74 자기 훈련을 습관화하려면?
목적을 버리지 말 것.

75 대화를 잘 하려면?
도구의 필요성을 정확히 알았을 때만이 막힘없
이 대화를 나눌 수 있다.

76 화목한 가정을 만들려면?
필요성을 버리지 말라.

77 주는 것과 받는 것?
가르치는 것도 배우는 것도 주고받음이다.

78 매일 매일 새로워지려면?
한 생각을 깊이 하라.

79 선생님의 삶의 목표는?
최선을 다하는 것.

80 제자의 자세와 도리는?
잘 배워서 버리지 않고 정직하게 쓰는 것.

81 수조원의 정신은?
마음의 약속.

82 수조원의 미래는?
마음의 약속을 지키는 것.

83 누가 가장 소중한 사람?
그 누구라도 필요한 도구가 되었을 때는 모두 소중한 사람이다.

84 잘못된 습관을 고치려면?
도구 사용법을 잘 배우는 것이다.

85 인내력을 기르려면?
도구는 불평이 없는 것이다.

86 책임성을 기르려면?
논밭에 쓰이는 도구를 버리면 곡식을 가꾸지 못한다.

87 상상력을 기르려면?

한 생각을 버리지 말라.

88 어려움을 극복하려면?
곡식을 심고 가꾸기 위해선 논과 밭을 갈고 닦아야 한다.

89 친절을 생활화 하려면?
항상 친절을 버리지 말라.

90 겸손이란?
백지장도 마주 드는 것과 같다.

91 변화에 능동적으로 대처하려면?
비가 올 때 우산이 없으면 어찌하는가.

92 나는 누구인가?
생명의 도구이다.

93 너는 누구인가?
도구의 주인이다.

94 순종이란?
연필심과 같다.

95 자신의 의지를 강화시키려면?
도구의 주인답게 살라.

96 남의 몸을 내 몸으로 느끼려면?
내 도구를 아끼는 것과 같이 하라.

97 모든 사람을 귀하게 존중하려면?
필요성을 버리지 말라.

98 마음의 약속을 끝까지 지키려면?
약속의 주인이 되라.

99 운명을 극복하려면?
부모가 힘이 들지라도 자식을 버리지 않음과 같으니라.

100 '씨앗' 과 '열매'?
씨는 능력이고, 열매는 도구이다.

1 '선'과 '악'?
올바른 것을 가릴 줄 알고 실천하는 것이 선이
며, 바른 것을 버리는 것이 악이다.

2 베풀며 사는 삶?
남의 갈 길을 바른 길로 인도해 주는 것이 베푸
는 것이고, 나의 갈 길을 인도받고 바르게 가는
것이 삶이다.

3 자연과 대화하려면?
보다가 알고, 듣다 알고, 맡다 알고, 맛보다 알고,
닿다가 알음알이를 아는 것이 자연과 대화하는
것이다.

4 풀은 마르고 꽃은 시듦과 같이 인생은 왜 무

상할까?

많은 상은 사람이 만든 것이다. 자연은 상을 만들지 않았다.

5 많은 사람이 새가 되고 싶은 까닭은?

자신의 마음을 새가 갇혀 있는 칸막이라고 생각한 까닭이다.

6 '기' 와 '공력' 의 차이는?

정제되지 않은 원유가 기라면, 정제된 기름이 공력이다. 그래서 힘이 정제되지 않은 사람은 힘을 함부로 쓴다.

7 '가난한 자' 와 '부유한 자' 를 비유한다면?

작은 나무와 큰 나무 차이 같구나!

8 후회 없는 삶이란?

집안 청소를 하고 어찌 후회하겠는가?

9 안목을 넓히고 싶을 때는?

큰 산의 풀잎 하나부터 자세히 보라.

10 정직한 자의 내면은?

정화하는 심지가 있다.

11 마음의 근심을 떨치려면?
모든 것을 받아들여 정화하는 심지를 심어라.

12 후대에게 깨끗한 자연을 물려주려면?
책임감을 버리지 말고, 책임감을 가르쳐라.

13 자부심?
부자가 되기 전에 부자가 될 자격을 스스로 갖추는 마음.

14 정신세계란?
만물의 심지는 지구촌이며 세계라 하고, 모든 생각의 심지는 정신이며 정신세계라 한다. 그리고 마음은 우주라고 명명한 것이다.

15 진정한 우정은?
불편한 것은 묻어버리고, 친함을 구하는 깊은 신의.

16 인간은 왜 고뇌하며 살아야 되나?
몸이 무겁다고 생각하기 때문이다.

17 '복 있는 자' 와 '복 없는 자' 의 차이는?
이목구비가 살아 있어도 알음알이를 알지 못하

면 복이 없는 것이다.

18 불면증을 없애려면?
지칠 때까지 뛰어라.

19 두려움이란?
지혜를 부르는 심지이다.

20 '원수마저도 사랑하라' 한 예수의 가르침은?
'올바른 것을 가르치라' 는 뜻으로 본다.

21 스승의 참된 교훈?
배웠거든 바르게 써라.

22 선행을 하려면?
참된 씨앗은 보존하라.

23 불교의 '선'과 기독교의 '도'는 어떻게 다른가?
표현의 차이일 뿐이다. 참행을 그르치지 말라는
의미에서는 같은 것이다.

24 '풍성함'과 '빈곤'?
농부가 풍작을 했으면 풍성함이고, 농부가 풍성
하게 가꾸어 놓고도 병충해를 막지 못했으면 빈

곤이다.

25 즐거운 마음을 계속 소유하려면?
항상 희망의 씨앗을 구하라.

26 '밝음'과 '어두움'은?
오염된 강물은 어둠이고, 오염되지 않은 강물은 밝음이다.

27 감사하는 마음을 전하고자 할 땐?
즐거움을 주고, 기쁨을 간직하라.

28 올바른 의식은?
심고, 가꾸고, 거두어서 남도 주고, 나는 먹는 것이다.

29 어려운 문제에 봉착했을 때?
도약하려는 마음이 간절, 간절, 간절하면 도약이 보이게 된다.

30 이 시대는 패역한 시대인데, 자녀에게 가장 값진 유산을 물려준다면?
목적지를 뛰어 가지 말고, 달려가라 하겠구나!

31 어떤 사람을 순결하다 할 수 있을까요?
모르는 것을 안다고 하지 않는 사람.

32 요동치지 않는 마음을 소유하려면?
산고기(짐승)를 물에서 기르려는 마음을 버려라.

33 공평이란?
이목구비가 하는 일은 달라도 한 곳에 쓰는 것과 같다.

34 맑은 눈동자란?
하얀 색을 검은 색으로 보지 않는 눈.

35 온유한 성품은?
예의, 지식, 상식, 견문을 남과 교환하고 관망할 줄 아는 성품.

36 순종의 능력이란?
오염시키지 않는 능력.

37 자기 허물을 보고자 할 땐?
내가 할 줄 아는 것이 무엇들인가 생각, 생각해 보고, 후회가 되거든 반성하고 실천하라.

38 절제하지 않으면?

비만이다.

39 인과응보의 이치?

사랑을 할 줄 모르는 사람은 사랑을 줄 수 없기 때문에 받을 수도 없으며, 사랑을 받아도 그 사랑을 받아들일 줄 모른다.

40 '인내함' 과 '유익함' ?

심고, 가꾸고, 거두는 것이 인내함이고, 먹는 것이 유익함이다.

41 사형제도는 어떻게 생각하시나요? 또한 최선의 방법일까요?

높은 곳이 없다면 바다도 없을 것이다. 사람이 위험한 바닷물을 건너려면 튼튼한 배를 힘들게 만들어서 타고 건너야 하지 않는가!

42 만일 인류에게 바다가 없었다면?

바닷고기는 맛볼 수가 없겠구나!

43 가장 행복한 삶이란?

가장 소중한 일을 실천하는 것이다.

44 가는 곳마다 문제를 일으키는 사람은 왜 그럴까?

정답을 모르는 사람이다. 정답을 가르쳐주어라.

45 인간이 온전치 못하고 불완전한 까닭은?

주위가 위험하여 위험을 헤쳐 나가야 하기 때문이다. 밝은 것을 만나기 위해 어둠을 헤쳐 나가는 것과 같다.

46 '산은 산이요, 물은 물이다' 라고 말씀하신 성철 스님의 참된 가르침은?

물의 진리는 물에서 구하고, 산의 진리는 산에서 구한다. 어부가 물고기를 잡아주면 성철 스님은 방생할 것이고, 너는 매운탕을 끓여 먹겠구나!

47 또한 성철 스님의 그 깊은 '선'의 근원은 어디에서 비롯되었나?

지구촌에서.

48 많은 사람들이 장수를 바라는데, 그들은 인생이 고달프다 하면서 왜 장수하길 원하는가?

농부가 농사짓는 것보다 안 먹고 살기가 더 힘들다. 없는 것보다는 있는 것이 더 낫기 때문이다.

49 우리는 왜 하나님을 경외해야 하는가?

어부는 산이 좋아도 바다를 더 잘 알아야 되고, 산사람은 바다가 좋아도 산을 더 잘 알아야 한다. 하늘이 좋아도 하늘 공부만 한다면, 내 인생은 간 곳 없는 위험이 있다.

50 삶의 의미란?

언제 닿을지 모르는 목적지를 기어 가고, 걷고, 달리고, 뛰는 것이다.

51 우리에게 아름다운 음악이 미치는 영향은?

부작용을 중화하는 향기가 있다.

52 순수한 철학은?

억지를 부리지 않는 것.

53 지혜는 어디로부터 오는 것일까?

이목구비(耳目口鼻)와 손발 끝부터.

54 참된 인생의 가치관은?

사람답게.

55 모든 죄의 근원은?

사람이 지구촌에 와서 알음알이를 아는 것이 근

원이다.

56 '참회'와 '용서'란?

참회는 올바른 것을 그리워하며 간절, 간절하는 것이고, 용서는 더렵혀진 자리를 청소하고 다시 그 자리에 앉는 것이다.

57 인간의 탐욕은 과연 어디까지일까?

보이지 않는 곳까지.

58 남을 배려하는 마음이란?

뻐기는 마음을 버리고, 희망과 기쁨을 주는 것.

59 삶의 방향을 잃고 방황할 땐?

그리움을 정직한 곳으로 선택하고, 높은 곳을 기어가야 한다. 뛰어갈 생각을 버려라.

60 제일 믿었던 사람이 나에게 신뢰감을 주지 못함으로 말미암아 그에게 크게 실망하고 배신감을 느꼈다면, 나는 그에게 어떤 모습으로 대해야 할까?

나의 돈을 남이 불려주기를 바라지 마라. 샘이 깊다고 믿었던 우물도 가뭄이 들면 물이 마르는 것이다.

61 진실한 부부의 사랑은?

사랑을 남과 비교하지 말라. 부부만의 독창적인 사랑을 구하고 가꾸는 것이다.

62 덕스러움이란?

그 누구라도 듣고, 보고, 배워서 실천한다고 했을 때, 그것을 더 크고 넓게 복이 될 수 있는 행으로 실천한 사람과 그렇게 실천할 수 있는 것이다.

63 제자가 스승을 존경하며 올바르게 따르려면?

작은 것을 배워서 크게 써먹을 용기를 심고, 스승의 때를 자신감 있게 닦아줄 수 있으면.

64 자녀를 훌륭하게 잘 키우려면?

예의, 교양, 도덕 정신을 일깨워주고, 그리움(끼)을 바르게 선택하는 정신을 심어주어라.

65 인류가 존재하는 한 무서운 전쟁은 계속될까?

생각중이다.

66 부정부패는 어떤 마음에서 비롯될까?

나만 알고 남은 모르는 마음.

67 정직하고 순수한 마음을 갖고 싶은데?
나를 정화하고 남을 오염시키지 말라.

68 거짓말을 잘 하는 사람은 어떤 사람일까?
모자란 사람.

69 부모를 공경하는 '진정한 효'란?
어버이의 허물을 욕되게 하지 말고, 나의 잘함을
과장하지 말 것이며, 부모의 아픔을 살펴보고,
외롭게 하지 말라.

70 서로가 유익함을 주려면?
말은 입으로 하는데 소리는 귀로 들린다. 요소가
다르지만 생각이 같은 일을 찾아라.

71 존재의 의미는?
있다.

72 멋진 인생을 살고 싶을 땐?
소나무가 작을 때는 잡초에 불과하지만, 해가 묵
어가면서 잘 자라 큰 나무로 자랐으면 근엄하고
멋진 것이다.

73 인간의 탐욕은 과연 어디까지일까?

손발 끝이 닿지 않는 곳까지.

74 몸과 마음이 심히 지쳤을 때의 대처 방법은?
가벼운 것부터 들어라.

75 농담이 지나치면?
내 자리가 바뀌고, 기가 빠져 지친다.

76 생명은 왜 '피'일까?
생명이 피를 만들어서 먹고 있을 뿐이다.

77 철학이란?
태양은 태양 철학, 달은 달의 철학이다. 나는 자연을 먹고 지키는 철학이다.

78 결단력과 우유부단함에서 오는 차이점은?
목적이 있는 길을 내고자 하는 것은 결단이고, 목적 없는 길을 내고자 하는 것은 우유부단이다.

79 가치 있는 명성을 얻으려면?
사막에 물을 항상 대줄 수 있는 일과 같다.

80 이 세상에 나 혼자 남아 있다면?
기억도 없겠구나.

81 독불장군(獨不將軍)은 없다는데 남을 도우려면?

부지런히 벌어라.

82 만물의 영장인 인간의 한계는?

목숨 다 바치는 것.

83 여자의 마음은 갈대로 비유함 같이 사람의 마음은 왜 수시로 변할까?

한계가 없기 때문에.

84 이기적인 사람이란?

항상 배가 고픈 사람.

85 무소유(無所有)의 제일 큰 의미는?

자유롭다.

86 짐승같은 인간이란?

인간의 질서를 못 배운 사람.

87 뼈대가 있다는 집안은 어떤 집안?

정직한 철학이 담겨져, 그 정신을 버리지 않는 집안.

88 한 사람을 잘 파악하려면 무엇을 기준으로 하며, 어떤 것을 잣대로 삼아야 그 사람을 바른 사람이라 할 수 있을지?

행을 기준으로, 잣대는 그 사람의 대답이다.

89 현모양처(賢母良妻)의 가족 사랑은 어떤 사랑?

자식과 남편을 버리는 마음을 갖지 않고 친함을 구하는 사랑.

90 내 가까운 모든 사람에게 믿음과 사랑을 전하려면?

신의의 정신을 깨달아라.

91 안개와 같은 인생을 살면서 허무함보다는 보람 있는 일을 하며 살고 싶은데, 보람된 일이란?

불구자들을 위해서 희생하라.

92 산과 들, 그리고 바다를 다니며 여행할 때의 마음가짐은?

휴식.

93 현재 시점에서 인류에게 가장 큰 문제점과 가장 큰 적은?

적은 물의 오염이고, 문제는 식수이다.

94 희생의 진정함과 희생의 아름다움이란?
목욕한 뒤와 같다.

95 능력 있는 '리더쉽' 이란?
내 갈 길을 잘 닦아 놓으면 남들이 잘 다니는 것
이다.

96 장애인에게 관심을 가지려면?
장애인의 손발이 되는 것을 찾아라.

**97 한 해를 마무리 지으며 어려운 사람들과 작
은 나눔이라도 갖고 싶은데, 어려운 이웃과
사랑을 나누려면?**
아까운 것도 나누어 주는 것이 사랑이다.

**98 인종차별은 어디에서 생겨났으며 인간의
평등함을 주장하고자 할 땐?**
차별은 어인이와 어른 같고, 평등은 가족과 같
구나.

99 생로병사(生老病死)란?
하늘에서 내린 비가 흙탕물이 되고, 오염되어 흐

르다가 바다로 가서 정화되는구나.

100 영혼과 육신, 그리고 마음을 강건하게 하려면 어떻게?
정화하는 심지를 얻어라.

1 참된 인간이란?

식물은 자연을 의지하며 고정된 삶에 최선을 다하고 후손을 보존시키며 식물답게 산다. 동물은 움직이며 자연에 적응하고 삶에 애착을 가지면서 후손을 보존시키고 동물답게 산다. 인간은 자연에 적응하며 움직이고 가꾸며 이용하고 또한 인간 서로를 외면하지 않고 의지하며 산다. 다시 말해 북극 곰은 북극의 눈보라를 적응하며 북극 곰답게 살고, 한국 곰은 한국을 적응하며 한국 곰답게 살아간다.

내가 어디에 있든 그곳에 잘 적응하고 움직이며 나를 가꾸고 발전시키며 사람들을 의지하고 외면하지 않으면 참된 사람이며 인간답게 사는 것이다.

2 부모의 도리?

나의 얼굴을 보살피고 가꾸듯 하여야 한다.

3 자식의 도리?

나의 몸을 보살피고 가꾸듯 하여야 한다.

4 남자의 마음?

남자는 씨앗을 뿌려 잘 가꾸는 정신이 있어야 한다.

5 여자의 마음?

여자는 시앗을 거두어들여 잘 보존하는 정신이 있어야 한다.

6 '천재'와 '둔재'의 차이?

북극 곰과 한국 곰의 차이일 뿐이다. 인간이 천재와 둔재로 사람을 분별해 보았을 뿐이다.

7 삶이란?

생명을 소중히 여기고 존중하며 보존하는 것이다. 생명을 보존하려는 마음을 버린다면 후세에 다시 태어날 가치도 없으며 땅에 굴러다니는 돌만도 못하다.

8 뜻을 이룰 수 있는 삶?

뜻은 씨앗이다. 나의 생각 속에 참된 것을 골라내어 마음에 심고 그 씨앗을 하루도 빠짐없이 보라. 그리고 그 씨앗이 잘 자라고 있다고 믿으며 기도하라. 때가 되어 그 열매가 보이게 되면 또다시 하루도 빠짐없이 잘 가꾸어라. 그리하면 그 뜻이 이루어진 삶이었다고 나에게 감사하고 존경하며 칭찬하게 될 것이다.

9 병자의 마음?

병을 극복하려 하고 의지하고 싶으며, 두려움이 생기고 외로움을 많이 느낀다.

10 건강한 자의 마음?

아픔을 모르고 자신감이 넘치며, 외로움을 못 느낀다.

11 사람은 왜 죽음을 두려워하는가?

선천적으로 생명을 보호 · 보존하려는 능력이다.

12 어린아이의 마음?

자신의 연약함을 알며 삶에 적응하기 위한 호기심이 깊다.

13 노인의 마음?
지나온 삶을 회한하고 그리워하며 남아 있는 삶을 극복하고 싶어한다.

14 잘 난 사람?
삶의 그 어떤 아픔에도 스스로 적응을 잘 하는 사람.

15 못 난 사람?
삶의 그 어떤 아픔도 스스로 적응하지 않고 피하려는 사람.

16 무엇이든 긍정적으로 생각하는 사람?
마음의 눈과 귀가 오염되지 않은 사람.

17 무엇이든 부정적으로 생각하는 사람?
마음의 눈과 귀가 오염되어 있는 사람.

18 말이 많은 사람의 마음?
보여줄 것이 없어 허전한 마음. 단 말을 아낄 줄 아는 사람은 성공이 보인다.

19 말이 없는 사람의 마음?
바라본 것이 없어 답답한 마음. 단 소리를 감사

할 줄 아는 사람은 성공이 보인다.

20 잔머리 잘 쓰는 사람?
불의의 사고를 만날 준비가 되어 있는 사람.

21 웃는 사람의 마음?
행복을 만날 준비가 된 사람. 단 웃음을 아낄 줄 모르는 사람은 외로움과 괴로움이 기다리고 있다.

22 우는 사람의 마음?
고통을 만날 준비가 되어 있는 사람. 단 눈물을 아낄 줄 아는 사람은 기쁨과 행복이 기다리고 있다.

23 고통을 많이 받고 죽는 사람?
불행을 믿고 기도한 사람이다.

24 고통 없이 죽는 사람(잠을 자듯이)?
행복을 믿고 기도한 사람이다.

25 자식이 없는 사람?
마음 공부를 하여 선구자가 될 사람이다.

26 자식이 많은 사람?

마음 공부를 하여 할 일이 많은 사람이다.

27 고통을 잘 참는 사람?
행복을 일구어 낼 사람이다.

28 고통을 못 참는 사람?
행복을 땅에 파묻을 사람이다.

29 자기를 높이는 사람?
높은 곳에서 뛰어 내려 사고가 날 사람.

30 자기를 낮추는 사람?
명산을 구경 다닐 수 있는 사람.

31 힘이 있는 사람?
힘을 아낄 줄 아는 사람이다.

32 힘이 없는 사람?
힘을 과하게 써버린 사람이다.

33 살기 위해서 먹는가, 먹기 위해서 사는가?
생명을 보존하기 위해서 먹고 산다.

34 자식이란?

나의 생명 호수다.

35 부모와 자식 간의 관계?
부모는 나무의 뿌리고 자식은 열매이다(뿌리와
열매의 관계).

36 자식이 존경할 수 있는 부모란?
꽃이 열매를 잘 맺게 하면 꽃이 예쁘지 않아도
열매는 꽃을 존경한다.

37 신의 힘?
나의 정신의 힘만 못 하다.

38 자식에 대한 사랑?
나의 눈과 같고 내 목숨보다 소중하여야 한다.

39 눈속임?
마음의 눈 먼 봉사가 될 사람이다.

40 순간 모면?
마음의 귀머거리가 될 사람이다.

41 자기만의 생각?
슬픔을 모면하기 힘든 사람. 단 참된 생각은 선

구자가 될 사람이다.

42 눈이란(사람에게 비교한다면)?
기쁨을 믿고 기도하며 근육에 탄력이 있는 사람.

43 코란?
참 삶을 믿고 기도하며 건강한 행복이 있는 사람.

44 입이란?
사람을 믿고 기도하며 건전한 지혜를 얻은 사람.

45 귀란?
성공을 믿고 기도하며 깔끔한 지도자가 되어 있는 사람.

46 봄이란(사람에게 비교해서)?
세 살 박이 어린애와 같고,

47 여름이란?
철 모르고 뛰어 노는 큰 아이와 같고,

48 가을이란?
결혼한 남녀와 같고,

49 겨울이란?
자식을 안아주는 어머님 같다.

50 행복한 삶?
명산을 구경하려면 힘이 들 줄 알면서도 정상을 향해 오르고 또 오른다. 기쁨을 위한 인내와 이해가 짧은 행복의 삶이라면, 인생은 꾸준한 인내와 아픔이 포용되어야 하며, 힘듦과 지혜로움이 관용되어야 하는 긴 삶이다.

51 명이 긴 사람?
그의 이름이 길이 빛나는 사람.

52 명이 짧은 사람?
그의 이름이 빨리 잊혀지는 사람.

53 높은 자리?
명예에 때 묻지 않은 자리.

54 낮은 자리?
명예에 때 묻은 자리.

55 '검은 것'과 '흰 것'의 차이점?
색도 밝음도 없는 곳에 검은색과 흰색이 각각 따

로 묻어 있을 뿐이다.

56 큰 그릇이란(사람에게 비교)?
목욕을 할 때 물이 많이 필요한 사람.

57 작은 그릇이란?
목욕을 할 때 물이 적게 필요한 사람.

58 부자와 가난한 사람의 차이점?
재물을 색으로 본다면 밝음도 없는 곳에 부자 물이 많이 들어 있고, 가난 물이 많이 물들어 있을 뿐이다.

59 욕심의 한계?
옛 학자들은 자연의 의미를 정확하게 파악하여 어떠한 단어에도 진리와 의미를 부여했다. 욕심의 근본은 나쁜 것만이 아니다. 생명을 보존하기 위하여 먹고 힘쓰는 본능, 있는 마음인 것이다. 욕심이 있다는 것은 정상이 아름답고, 욕심이 많다는 것은 정상이 더럽혀진 것이다.

60 좋은 말?
그 누가 들어도 해가 되지 않는 말이어야 한다.

61 나쁜 말?
그 누가 들어도 해가 되는 말이기 때문이다.

62 남을 주시하는 행동?
보호 본능과 교감 본능이 주시의 근본이다. 이것이 과하면 사고를 면치 못한다.

63 아내란?
자연의 근본으로 볼 때 생명을 보존하는 어머니다. 남편을 소중히 여기고, 항상 감사하며 존경할 줄 알아야 한다. 이 일을 어기면 모든 자력이 감소되어 외롭고 쓸쓸하다.

64 남편이란?
생명을 낳는 아버지다. 당연히 아내를 소중히 여기고 고마워하며 존경할 줄 알아야 하다. 이 일을 어기면 모든 자력이 감소되어 결국은 괴롭고 원통하다.

65 현모양처란?
자식을 대할 때 불편한 마음을 버려야 하고, 남편을 대할 때 불쾌감을 버려야 하고, 나를 대할 때 어려움을 극복하고 감사해야 한다.

66 고생이란?

고생은 생명 중의 왕이다. 힘겨울지라도 나를 이겨야 한다.

67 칭찬을 좋아하는 마음?

인간의 이목구비와 닿는 것은 나에게 없는 것을 받아들이는 근본이다. 이것을 먹는 것이라고 표현한다면 그 누구도 맛있는 음식을 먹고 잘 먹었다 하며, 음식 덕이라고 하는 것이 근본이다. 하지만 남에게 음식을 주지도 않고 칭찬만 받으려 한다면 기쁨을 동냥하는 것이다.

68 나이 값을 못한다?

메마른 땅의 나무는 세월을 먹어도 제대로 자라지 않아 나무 구실을 못한다.

69 끼가 있는 사람?

생각할 줄 아는 사람이라면 누구나 끼가 있는 것이다. 끼의 근본은 감정의 표현이다. 타인의 마음에 나를 심어보려는 행동이다. 어떠한 끼라도 지혜롭게 보아야 할 뿐이다.

70 재치 있는 말?

말의 근본은 소리이다. 나의 소리는 나의 손발보

다 더 소중하고 값이 있는 것이다. 나의 말이 상처를 입는다면 손발에 난 상처보다 더 깊어 고통스러워지는 것이다. 말도 다칠까봐 두려워할 줄 알면 재치가 나온다.

71 식탐이 많은 사람?
식탐이 많은 사람은 건강을 지키는 지혜가 부족한 사람이다.

72 신생아의 첫 울음소리의 의미?
나도 지구촌에 생명이라고 알리는 의미가 있다.

73 부부의 정이란?
부부는 원력은 같고 극이 다르다. 성격이 극이라면 정은 원력이다. 남과 여가 같기를 바란다면 원력은 소멸된다. 원력은 생명의 근원이다.

74 무거운 마음을 가볍게 하려면?
마음은 색도 밝음도 맑음도 무게도 없는 생명수이다. 무거운 것은 나와 정신이다. 마음에 심어진 나의 정신을 잘 가꾸면 생기가 넘치게 된다.

75 내가 먼저 정을 주려면?
물 속에는 내가 들어가는 것이다.

76 나는 왜 나일 수밖에 없는가?

북극 곰은 북극에서 태어나 생명을 즐기며 후회와 원망이 없다.

77 사람다운 사람?

항상 나만큼 기쁘고 힘들고 즐겁고 발전해 나가면 사람다운 사람이다.

78 자기를 잘 다스리려면?

모든 것에 잘 적응하여야 하며, 배움을 가까이하고 감사하는 마음을 구하면 된다.

79 무조건 복종을 바라는 마음?

원력은 생명의 근원인데 복종을 구하는 마음은 생명의 씨가 메말라서 그러하다.

80 후회란?

나의 잘못을 깨우치는 것이다. 반성하지 못하면 깨우침을 다스리지 못한다.

81 공짜를 좋아하는 마음?

모든 생명은 쉽게 먹이를 구하고 싶다. 하지만 모든 생명이 남의 것을 빼앗아 먹거나 얻어먹으면 나의 자력이 감소되는 씨앗이 발생한다. 남에게 주는 것은 나의 자력이 샘물 솟듯 한다.

82 마음의 등불?
참인 것을 본 것은 깨우침이고, 그것을 다시 잘 가꾸어 가면 등불이며 깨우쳤다 하노라.

83 미신이란?
맛도 볼 수 없는 것이다.

84 기적이란?
노력과 실천이 쌓이고 쌓여야만 이룰 수 있는 것을 힘겨울 지라도 일구어 낸 것이다.

85 기도의 힘?
나를 정화하고 나의 자력을 키워내는 큰 힘이다.

86 즐겁게 사는 것?
가꾸는 기쁨이 있어야만 거두는 즐거움이 온다.

87 성공의 비결?
성은 이룸이고 공은 무한대이다. 성공의 씨앗은 나에게 있다. 어서 찾아 심어라.

88 마음의 병?

남과 나를 분별하여 자기를 못났다 함이니라.

89 인연이란?
내가 서 있는 곳마다 인연이다.

90 '불' 과 '물'?
불은 타오르면서 모든 것을 정화시키고, 물은 흐르면서 모든 것을 정화시킨다.

91 '유식' 과 '무식' 의 차이점?
유식은 사용 방법이 고정되어 있고, 무식은 사용 방법이 지혜롭다. 유식과 무식은 공존하면서 지혜로워지는 것이다.

92 인간관계란?
서로가 의지하며 감사하는 관계이다.

93 생명의 힘?
작은 씨앗이 거목이 되는 힘이다.

94 '단맛' 과 '쓴맛'?
검정 색과 흰 색이 물듦과 같다.

95 희생정신이란?

나의 생명을 삶에 적응시키며, 기쁨과 즐거움으로 움직이는 정신이다.

96 어려운 사람(정신적, 물질적)?

나의 정신을 깊고 넓게 먼 곳까지 쓰지 못했기 때문에 물질이 적고, 정신이 발전하지 않았다.

97 믿음, 소망, 사랑?

믿음은 나의 생명이고, 소망은 나의 삶이며, 사랑은 나의 몸이다.

98 최선을 다하는 삶?

힘겨울지라도 나의 생명의 삶을 포기하지 않고 다하는 것이다.

99 모든 장애인에게 한 말씀?

신(身)의 장애가 불구가 아니고, 정신 장애가 불구가 아니다. 극복하려는 마음을 버린 것이 불구이다.

100 모든 장애아 부모에게 한 말씀?

나의 전생의 잘못이 커서 그러하니 자신에게 용서를 비는 마음으로 자식이 좋아진다고 제발 믿으라 하였고, 또 하고 싶다.

1 '3분 예술원'에 다녀가면 기분이 좋아지는 이유?
무거웠던 몸과 마음이 가벼워지기 때문이다.

2 인생은 돌고 도는 것인가?
내가 남에게 잘못을 하면 남도 나에게 잘못을 꼭 하게 된다.

3 바람 잘 날 없는 것은?
삶에 적응하는 데 있어 움직임이 그칠 줄 모르는 것.

4 바람 앞의 촛불 같은 신세란?
그 누구도 생명은 불씨와 같을 뿐이다.

5 바른 생활이란?

항상 나를 가꾸어 가는 마음을 버리지 않는 생활.

6 몸에 흉터가 있는 사람은?
몸의 흉터를 닦을 수 없는 때라고 생각하는 이는 그 고통을 면할 수가 없다. 흉터를 손발톱과 같이 생각할 수 있는 사람은 행운을 얻는다.

7 마음에 상처가 있는 사람은?
상처가 날 때는 고통스러워도 시간이 지나면 치유가 되는 것이다. 노여움과 불만을 버려라.

8 삶의 무게란?
생명을 유지하는 적응 능력이다.

9 '천둥'과 '불벼락'?
욕심이 깊으면 항상 소득이 적다.

10 화근?
공격하려는 마음이 스스로 자라서 화를 부른다.

11 자업자득?
내가 생각하고 실천한 만큼만 얻게 되는 것이다.

12 여건이란?

바위 위에 씨를 뿌리면 싹이 돋아나겠는가!

13 본분은 무엇일까?
나는 사람이니 사람으로서 할 일을 가꾸어 가는 것이다.

14 마음의 평화는 어디까지?
갈증이 몹시 날 때 물을 마시는 것까지도 마음의 평화를 얻는 것이다.

15 때를 만났다?
내가 닿는 곳이 때이고 시간이다. 때에 적응하고 나를 발전시켜 가는 것뿐이다.

16 '음양'과 '오행'?
삶을 적응하는 지혜로운 대화이다.

17 쓸데없는 말을 많이 함이란?
어리석은 사람은 단어의 깊이도 모르고 말을 두려워할 줄을 몰라 함부로 쓴다.

18 '탄생'에서 '환생'까지?
돌아올 내용을 미리 알고 있다면 사고를 불러일으킨다. 고정관념은 내용을 아는 것과 가아서 항상 노여움이 떠나지 않는다.

19 돈과 권력이 법보다 강한 것은?
돈과 권력을 사람이 좋다고 만들었기 때문이다.

20 잡념이 많아질 때?
한 생각을 붙잡지 못하면 잡념이 많아진다.

21 깊은 깨달음은?
비가 올 때 비를 맞으면 옷이 젖게 되고, 그 옷이 다 말랐을 때 알음알이를 알게 되는 것이다. 깊은 깨달음이란 생각과 노력과 실천이 쌓이고 쌓여서 공력이 된 것이고, 그것이 곧 지혜라 할 수 있다.

22 부부애가 아닌 동지애로 산다는 것?
원력이 같고 극이 다른 사람끼리 만나서 한 둥지를 이루어 책임감을 안고 살아갈 뿐이다.

23 가족 공동체란?
한 우물에서 샘솟고 있는 물과 같은 것이다.

24 남자의 책임감은 어디까지?
남의 책임감을 묻기 이전에 나의 책임감을 더 깊

이 깨닫는 것이 소중하다.

25 적대적인 만남?

모든 만남은 소중하고 광범위한 것인데 내가 수용하고 이해해 주는 마음이 부족하면 물과 기름이 섞여 있는 것과 같은 만남이 되는 것이다. 이해와 포용을 깨닫기 바란다.

26 인격적인 만남?

서로의 어리석음을 안아주고 감싸주는 것이며 책임감을 같이 하는 것이다.

27 정신적 치유(진정한 대화)?

남의 잘못을 용서하는 용기는 나의 아픔을 치료하는 능력을 갖게 한다. 진정한 대화를 할 수 있음은 가식을 버릴 때이다.

28 분위기가 좋은 곳?

화목한 나의 가정.

29 사람들이 비교가 될 때?

그 누구도 크고 작음이 있어서 저절로 비교가 되는 것이다. 남과 나를 비교하여 아픔을 구하는 마음을 버려라.

30 '명분'과 '상실'?
욕심이 크면 실망 또한 크다.

31 '긴장'과 '완화'?
처음 닿는 것은 항상 긴장되는 것이고, 긴장이 길들여지면 완화되는 것이다.

32 도우려는 마음?
내가 아는 사실만 지혜로운 것이다. 남을 돕는다는 것은 나의 지혜를 나누어주는 용기이고 실천인 것이다.

33 주고 싶은 마음?
어머니가 자식을 키우는 마음과 같다.

34 '약속'과 '믿음'?
약속은 믿음이 있어야 하고 지키려는 마음이 깊어야 한다. 단 내가 믿는 마음이 더 깊어야만 한다.

35 겸손한 사람?
내 마음속으로부터 상하를 구분하지 않고 남을 대해 주는 마음이 깊은 사람.

36 교양 있는 사람?

인간이 만들어 놓은 질서를 분별하여 잘 실천할 줄 아는 사람.

37 화(스트레스)가 나면 마구 먹고 싶다?

듣고 보고 닿는 것도 먹는 것이다. 그 무엇이라도 부족하게 되면 나도 모르게 음식을 먹고 싶은 것이다.

38 순간순간 허전함이 들 때?

생각이 짧은 것은 생각이 게으른 것이다. 허전함이란 생각을 깊게 하지 못 하는 데서 오는 것이다.

39 어떻게 노력해야 마음을 비울까?

그 어떤 것도 수용하려는 마음이 깊어야 한다. 노여움과 분노를 버리는 것이 비우는 것이다.

40 '공떡'과 '공술'이란?

나를 기쁘게 하는 것이 공떡이고, 나의 잡념이 공술이다.

41 '빛'과 '그림자'?

나의 좋은 생각은 빛이고, 나를 달래는 마음은 그림자이다.

42 남편에게 이유 없는 불만이 생길 땐?
나도 모르는 마음을 남이 알아주기를 바라는 마음이 있을 때…….

43 만족감이 없을 땐?
이루어질 수 없는 것을 생각하는 마음이 깊으면 만족이 도망가 버린다.

44 꿈이 현실과 맞을 땐?
실천하는 마음이 깊은 사람은 꿈이 현실과 잘 맞는다.

45 인상이 강하다?
토끼는 호랑이를 두려워하는 것이다.

46 인상이 좋다?
동료를 만나면 편안해지는 것이다.

47 적극적인 사람?
실천을 버리지 않는 사람이다.

48 소극적인 사람?
그림 속의 호랑이도 두려워하는 사람이다.

49 사리 분별이란?

동서남북을 정하고 행하는 것이다.

50 '용서'와 '회개'는?

남과 내가 잘 못 쓴 글을 지우고 곱게 쓰는 것이
용서이고, 용서한 것도 반성해 보는 것이 회개이
다.

51 '네 이웃을 내 몸과 같이 사랑하라' 함은?

이웃이 없다면 이 한 몸을 어찌 의지할꼬!

**52 '네 시작은 미약하나 그 나중은 창대하리라'
함은?**

내가 심는 씨앗은 작은 것이나 그 씨앗을 가꾸어
가면 거대한 고목으로 변하느니라.

53 '오른뺨을 칠 때 왼뺨도 대라' 함은?

지적을 피하지 말라는 의미가 깊다.

54 제삿날 추도예배를 본다?

충실과 정성을 다하는 기쁨.

55 제사 음식을 가려먹는 이유(종교상 금기)?

원래는 먹어도 관계는 없는데 미신을 믿지 말라

는 의미가 깊고 깊기 때문이다.

56 '융통성'과 '분별력'?
지혜로운 사람은 할 수 있는 일을 하는 것이고, 어리석은 사람은 하지 못할 일도 하려고 하는 것이다.

57 머리가 복잡하여 짐은?
얻고 싶은 마음이 바쁘면 생각도 흩어져서 가려내기 힘든 것이다.

58 마음이 혼란스러워 짐은?
내 갈 길을 정하지 못한 사람은, 다시 말해 목적이 없는 사람은 항상 혼란스럽다.

59 본질적인 것?
있는 그대로가 본질이다.

60 논리적인 것?
있는 것은 그 어디에도 쓸 수 있다는 것이다.

61 산더미처럼 쌓였다는 것?
실천과 노력과 생각이 쌓이고 쌓인 것을 공덕이라고 한다.

62 고통 분담이란?
작은 고통을 더 크게 생각하는 마음을 버려라.

63 지는 것이 이겼다고 할 때?
내가 아는 사실을 다시 들으면 더 깊이 새로워진다는 의미가 깊다.

64 참는 자가 복이 있다는 것은?
아는 길도 물어 가면 쉽게 갈 수 있다는 의미가 깊다.

65 '네 영혼을 구하는 것이 천하를 얻는 것보다 귀하다' 함은?
씨앗을 아무리 많이 가지고 있어도, 그 씨앗을 심고 가꾸지 않으면 씨와 열매가 불어나지 않는다는 의미가 깊다.

66 방황의 끝은 어디까지?
목적이 분명하지 않은 사람은 눈을 감은 봉사와 같다. 목적이 저절로 이루어지길 바라지 마라.

67 공수표와 허탈감?
생각으로 그린 그림은 보여줄 수도 없는 것이다.

68 상식을 깬다는 것은?

자연 속의 꽃나무를 나의 화분으로 옮기는 것도 상식을 깨는 것이다.

69 창의적인 것은 무엇인가?

자연 속의 물고기를 독에다 넣어 놓고 키울 수 있는 생각도 창의적인 것이다.

70 도의적인 것은 무엇인가?

내가 갈 길을 개척하는 것이다.

71 '한 번 죽지 두 번 죽지 않는다' 함은?

모든 생명은 태어남이 한 번이요, 죽음 또한 한 번인 것이다.

72 '빈손으로 왔다 빈손으로 간다' 함은?

애착을 버리라는 의미가 깊다.

73 사람의 의지와 노력으로도 안 되는 세계가 있을까?

동물을 사람으로 바꿀 수는 없다.

74 서로에게 부족함을 채워줌이란?

서로의 의지를 교환하는 것이다.

75 시종일관(始終一貫)?
샘은 물이 나올 때까지 파는 것이다.

76 극한으로 치닫는 것은?
생명은 소중한 것이며 엄숙한 것이다. 생명이 다했을 때 저절로 죽어야 한다.

77 '입'과 '귀'가 열렸다 함은?
생각과 노력과 실천이 깊은 사람이다.

78 보고도 못 본 척?
아는 것도 아껴 쓸 줄 알라는 의미가 깊다.

79 '떡잎부터 다르다' 함은?
마음이 어둡고 음흉한 사람은 말과 행동이 과하며, 말을 들을 때 눈빛이 어두워진다.

80 혼수상태란?
갈 길을 잃었을 때까지도 혼수상태다.

81 사적인 거래란?
내 자식을 버리고 남의 자식을 키우는 것과 같다.

82 준비하는 사람만이 성취 할 수 있다는 것은?

아무리 좋은 일이라도 갑자기 하려는 일은 틀림 없이 실패하게 된다.

83 원초적인 보상심리?
내가 심은 씨앗은 당연히 싹이 잘 나오기를 바라는 것이다. 싹이 나오지 않았을 때는 때와 장소와 정성이 부족한 탓이다.

84 '말' 과 '맛' 이란?
해롭지 않은 말은 맛있게 들어야 한다.

85 '먼 길로 돌아가지 말라' 함은?
할 일 미루지 말라 함과 같고, 어른이 할 일을 어린아이가 해서는 안 된다는 것과 같다.

86 느물거리는 사람(끈적함)?
목욕을 하지 않고 남 앞에 나서는 사람.

87 느끼한 사람?
내가 할 일을 남이 해주기를 바라는 마음이 깊은 사람.

88 일석삼조(一石三鳥)?
씨앗을 심고 잘 가꾸면 꽃와 열매와 씨를 얻음과

같다.

89 반가운 사람도 사흘이면 족하다?
좋은 노래도 연속으로 세 번 이상 듣게 되면 지루한 것과 같다.

90 '사람이 혼신을 다했다' 함은?
어머니가 아이를 낳을 때 고통을 견디면서도 원망도 없는 것이다.

91 아주 특별한 사람?
나의 자식과 남편과 아내이다.

92 부모로써 자녀에게 헌신은 어디까지?
최선의 책임감을 완수할 뿐이어야 한다.

93 항상 사랑과 평강이 있는 생활?
불만을 버리고 항상 발전할 수 있는 생각과 노력과 실천이 있어야 한다.

94 처음과 같음?
어머니는 끝까지 어머니이어야 하고 친구는 끝까지 친구이어야 한다.

95 악한 마음을 버리고 선한 마음으로 가는 것?

좋은 소리를 많이 듣고 깊이 생각하고 어리석음을 버려야 한다.

96 사랑을 동화로 표현할 수 있다면?

사랑을 동화처럼 상상하고 사랑을 구하기 때문에 사랑에 때가 끼는 것이다.

97 사람이 변화되면 어떤 모습일까?

현명한 사람은 발전된 모습이고 어리석은 사람은 행복이 도망간 모습이다.

98 순간 모든 것을 갖고 싶을 때?

힘듦을 극복하려는 마음을 버리기 때문이다.

99 '남편을 존경하고 신뢰하다' 함은?

남편과 아내를 어버이라고 깊이 깨달았을 때 서로가 존경하고 신뢰할 수 있다.

100 '욕심을 버리고 산다' 함은?

욕심이 지극히 정상이면 정직한 것이고 아름다운 것이다.

Part 02

삶을 부지런히 갈고 닦아라

육신은 *정신의 집*이다

1 내 마음(心)의 주인은?
마음은 밝고 맑음도 없는 깊고 넓은 생명수일 뿐이다.

2 내 몸(身)의 주인은?
육신은 정신의 집이다.

3 내가 진정 원하는 것은?
명예에 때 묻지 않는 사람다운 삶이겠지.

4 인간의 도리(道理)란?
사람이 마땅히 행하여야 할 바른 길이란 문명인이 지켜야 될 법률과 지식을 쌓고 생각을 주고받는 것이다.

5 바람직한 성정(性情)이란?

이목구비(耳目口鼻)를 통해 정신과 소리, 빛, 향, 맛이 닿아서 발생하는 것이 자연적 성질이며 성질이 다스려진 것이 곧 성정이다. 또 다시 교감을 통해 성정을 다스릴 수 있는 것이 감정이다.

6 올바른 행동은?

행동은 배운 만큼씩 과하지 않게 지혜롭게 쓴다면……

7 길들여진 '습(習, 버릇)'을 빨리 없애려면?

습이란 없애는 것이 아니라 지혜롭게 쓰는 것이다.

8 고정관념과 선입견을 버리려면?

고정관념이 구식이라면, 선입견은 자기 지식만을 고집하는 것이다. 새로운 정신문화와 생각을 교환하면 된다.

9 거울에 내 모습 비추기?

나의 어리석음은 남을 통해 지워 가는 것이다. 어제 세수를 했을지라도 오늘 다시 세수를 해야 한다.

10 '하심(下心)' 하는 방법?

스승을 섬기는 것은 부모에게 배우고, 어버이를 섬기는 것은 스승에게 배우는 것이나, 이 또한 다 배우지 못했다면 모든 이에게 배워야 하기 때문에 하심이라 하는 것이다.

11 상대를 진심으로 이해함이란?

나만큼밖에 이해할 수 없는 것이다.

12 나를 진정으로 사랑함이란?

목숨이 아까우면 사랑하고 있는 것이다.

13 남편을 진정으로 사랑함이란?

나의 어버이로 생각하고 나를 보호해 주는 주님으로 생각한다면…….

14 자식을 진정으로 사랑함이란?

어머니답게 자식을 섬세하게 보살핌이 있어야 하고, 교만, 자만, 기만, 아만을 버릴 수 있게 해 주는 것이다.

15 '감정에 휩쓸린다' 함은?

작은 아픔을 피하려도, 큰 즐거움을 얻으려다, 더 큰 아픔에 빠져 드는 위험이니라.

16 감정에 솔직함이 죄인가?

학술적 교감은 지식으로 얻은 것이니 고정 관념이고, 자율적 교감은 무식(無識)으로 얻은 것이니 이상 관념이고, 감정은 교감에서 얻은 것이니 지혜롭게 솔직해라.

17 '도덕(道德)'과 '비도덕(非道德)'?

도덕은 잘 가꾼 땅에 적당한 씨앗을 심은 것과 같고, 비도덕은 가꾸지 않은 땅에 알맞지 않은 씨앗을 심는 것과 같다.

18 '본심(本心)'과 '양심(良心)'?

본심은 똥이 마려운 것이고, 양심은 여기서 똥을 쌀까, 저기서 똥을 쌀까 분별하는 것이다.

19 우리를 기쁘게 하는 것?

좋은 감정으로 감사함을 주고받는 것에서 생긴다.

20 우리를 슬프게 하는 것?

아픈 감정으로 고마움을 주고받는 것에서 생긴다.

21 '힘들다' 함은?

교만, 자만, 기만, 아만, 게으름, 욕심 등에서 생긴다.

22 '열심히 산다' 함은?
끝까지 노력, 실천, 지혜를 버리지 않음이다.

23 배움의 과정의 즐거움보다 결과가 중요한 이유?
배움은 씨앗을 심는 것이요, 결과는 가꾸어 거두는 것이다.

24 보답이란?
얻은 것을 갚는 것이다.

25 보시란?
이익을 주는 것이다. 베품은 성스러움을 나누어 주는 것이다.

26 나와 상대가 모두 잘 사는 방법?
서로에게 이익을 주고, 아픔을 안아주고, 공경과 존경하는 마음으로 열심히 최선을 다해 사는 것.

27 '내가 나답다' 함은?
나를 칭찬할 수 있는 결과를 항상 구한다면 나답

다 할 수 있다.

28 인생을 관조(觀照)하는 힘을 얻으려면?

나의 탄생을 업신여기지 말고, 나의 아픔이 타인
의 교훈이 되어야 하고, 타인의 아픔 또한 나의
교훈이 되어야 하며, 그 모든 삶을 통해 나는 성
스러움을 얻어야 한다.

29 제대로 죽을 줄 아는 것이 도통한 사람?

죽는 날을 알면서도 부담이 없고, 죽는 시간까지
올바른 정신을 쓸 수 있는 사람.

30 콤플렉스(우월 의식, 열등 의식) 고치기?

우월, 열등의식은 자기가 못 났다 함이다. 우월
은 교만에서 생긴 것이고, 열등은 자만에서 생긴
것이다. 콤플렉스는 이익됨을 잃고, 슬기로움을
버린 것이다.

31 '가슴앓이'와 '마음의 뒤틀림'?

욕심이 가슴앓이를 얻고, 이기심이 마음의 뒤틀
림을 얻은 것이다.

32 '진아(眞我)'와 '위아(僞我)'?

진아는 어리석고 힘이 없고 무식이요, 귀, 눈, 코,

혀와 손발, 성(性)은 저절로 배움을 싹 틔우는 아
(我)이고, 위아는 저절로 인 것을 지식을 통해서
정화해 가는 아(我)이다.

33 마음의 집중?
출퇴근 시간을 기다리는 것도 작은 정신 집중이
다. 깊은 정신 집중을 하려거든 길고 굵은 초에 불
을 켜고 촛불이 다 타내려 갈 때까지 지켜보아라.

34 마음에 느끼는 의견을 정확히 전달하려면
(설득력)?
설득될 준비가 된 사람은 말을 잘 못하여도 알아
듣지만, 설득될 준비가 되어 있지 않은 사람은
설득될 자료를 정확히 보여주어야 한다. 또 표현
의 한계를 느끼지 마라. 동서남북을 찾아보면 표
현이 보인다.

35 사고력을 기르려면?
징을 손에 거머쥐고 징채로 골고루 때려보고,
세게도, 가만히도 두들겨 보아라. 소리마다 기
분이 달라진다. 남도 좋고 나도 좋은 소리를 찾
아보아라.

36 바라는 마음의 핵심 찾기?

내 마음을 움직이지 말고 상대의 마음이 움직일 때까지 지켜보라. 갑자기 느끼려고 하는 것은 실패다. 지나치리 만큼 꾸준히 기다린다면 핵심을 찾을 수 있는 것이다.

37 올바른 직언(直言)과 충고 방법?

바른 것도 너무 솔직하면 남에게 아픔을 준다.

38 사소한 것에 연연하지 말라?

작은 것을 소중히 여기는 사람은 사사건건 호기심을 유발하지 않는다. 세상 모든 것을 다 가지려 하는 마음은 작은 것도 못 구한다.

39 불완전한 상태의 만족?

잘못되었다고 느낄 때가 불완전이다. 고치면 만족이다.

40 연민을 길러라?

남의 단점을 먼저 보는 습관이면 친구가 적고, 장점을 먼저 보는 습관이면 친구가 많다.

41 '인생은 공정하지 않다'는 사실을 받아들여라?

네가 볼 때 공정하지 않지만 나의 눈으로 본다면 이러하다. 양손이 사람이라고 생각해 보라. 오른손을 많이 쓰면 힘쓴 만큼 힘이 들고 왼손을 많이 쓰면 힘쓴 만큼 힘들지 않던가! 이것을 행복이라고 했을 때 일한 만큼은 공정한 것이다.

42 지루함을 즐겨라?

한 그루의 꽃나무를 심어 놓은 후 꽃을 빨리 보고 싶은 사람은 지루하고, 같은 결과에 기다릴 줄 아는 사람은 즐겁다.

43 싸워야 할 때를 현명하게 선택하라?

나의 부드러운 마음과 포용을 나쁘게 이용하려 할 때는 과감하게 공격하라.

44 '찬사'와 '비난'은 같은 것?

칭찬이 과하면 돌아서서 비난하고 비난이 과하면 돌아서서 인정한다. 먼 곳에서 나를 이롭게 하는 사람은 가까이 하지 말고 가까이서 나에게 이롭게 하면 멀리 두지 마라. 이를 어기면 후회가 빈번하다.

45 문제를 대하는 태도 바꾸기(삶의 대응 방식)?

진리에는 동서남북이 없다. 순간순간을 보고, 듣고, 냄새 맡고, 맛보고, 느끼고, 생각할 때 모든 것이 있는 그대로 진리이다.

46 마음의 힘을 깨달아라?

마음이 우유라면, 강아지가 먹으면 개가 되고, 송아지가 먹으면 소가 되고, 아기가 먹으면 사람이 되는 것이다.

47 정말 중요한 것이 무엇인가?

마음에 심어진 나의 정신.

48 가지 않았던 길도 가 보기?

서양 사람이 김치를 먹어 보고 '캡' 이라 하더라.

49 인생의 객관적 법칙?

나의 인생을 남이 보고는 힘들다고 한다. 나는 흐뭇한데……. 남은 행복한데, 나는 남의 인생을 보고 고통이라 한다.

50 만남은 필요 때문에?

우리는 표현을 너무 조심하기 때문에 정확한 감정 전달을 흐리기도 한다. 부부가 필연, 자식이 필연, 모든 만남이 필연이라 할 수 있고, 또 자연이라 할 수 있다.

51 이해의 관계는 오해의 극복?

부모 말씀을 어기고 자신의 소신대로 대단한 사

업가가 되어 있으면 오해를 극복한 것이다. 이해와 오해는 같이 볼 수 있는 조건이다.

52 참 사랑이란 낭만적 기분이 아니라 화해의 능력?

사랑은 기쁘고 좋은 것만 나누는 것이 아니라, 어떠한 잘못이 있을지라도 이해되며, 용서받을 줄 알아야 하고, 용서할 줄 알아야 한다. 이러하면 진정한 사랑이라 할 수 있고, 행복한 능력이다.

53 '항상 있을 것'과 '사라질 것'?

건강은 항상 있어야 하고 병은 사라져야 할 것이다.

54 잠을 방해하는 것?

욕심이 가져온 잡념이로다.

55 어둡고 염려하는 마음에서 벗어나기?

남을 도와주지도 못하면서 걱정만 해주는 것은 외로움이 찾아 든다. 내가 먹을 떡을 남이 먹을까 봐 허겁지겁 먹으면 체할 것이다.

56 소심할 줄 아는 것까지도 대범이다?

작은 것이 쌓여서 큰 산이 되고, 큰 것 또한 쌓이

면 무너진다. 옛말에 이르기를 '돌다리도 두들
겨 보고 건너가라' 했고, '아는 길도 물어가라'
하였다. 대범한 '척', '척'을 버려라.

57 나는 어디로 가고 있는가?
집으로 가겠구나.

58 나는 무엇을 위해 살 것인가?
자신을 위해 살겠구나.

59 굶어 죽은 날벌레(목표 상실)?
자연의 조화로다!

60 체념의 사슬?
후회를 하였거든 반성을 하여라.

61 정신적 난쟁이?
잘날 자신이 없는 사람.

62 '쪼개진 삶'과 '통합된 삶'?
사랑을 받으려고만 하는 사람의 삶은 쪼개진 삶
이고, 사랑을 주고받을 줄도 아는 사람의 삶은
통합된 삶이니라.

63 일상의 균형?

먹고, 자고, 일하고, 공부하고, 쉬고, 가족과 화목하고, 봉사하고, 친구들과 우정을 나누고 모든 이해 관계에 정직하시오.

64 운명의 분기점?

내가 서 있는 곳.

65 핑계없는 무덤은 없다?

죽은 사람은 따지지도 않는데, 살아 있는 사람들의 이유가 많다.

66 '원하기 때문에 가지고 있는 것(want & have)'과 '원하지만 아직 가지고 있지 않는 것(want & don't have)'?

원했기 때문에 결혼을 했고, 먼 곳이로다.

67 '원하지도 않았는데도 갖고 있는 것(don't want & have)'과 '원하지도 갖고 있지도 않은 것(don't want & don't have)'?

짜증과 무덤.

68 오늘의 꿈, 내일의 현실?

간절한 소원은 이루어진다. 시간을 정하지 말라.

69 **성품 덕목의 습성화?**
아름다운 꽃이로다.

70 **'정신 주입', '자기 최면'?**
나는 할 수 있다 하면 되고, 하고 싶은데 안 된다
하면 실패로다.

71 **육체의 눈에 보이는 것이 마음의 눈에도 새
겨진다?**
그러하다.

72 **내 행동의 대부분은 내가 한 말 때문에 이루
어지고 있다?**
그러하다.

73 **능력의 원천?**
나이다.

74 **지혜의 원천?**
나이다.

75 **대망을 품는 계기?**
어느 날 갑자기.

76 이기적으로 살기에는 너무나 짧은 하루?
잠 못 잤을 때.

77 자기 보상 원리의 활용?
부모에게 효도를 배울 때는 효도의 정신을 못 깨우치지만 자식을 낳아서 가르치다 보면 효도의 정신을 깨우친다. 감사함을 받을 때는 감사함의 정신을 못 깨우치지만 감사함을 줄 때는 감사함을 깨우치는 것이다. 공짜로 가르쳐주다가 더 큰 것을 얻겠더라.

78 마음속의 그림, 현실화 하는 방법?
내가 살 집을 마음으로 그려놓고 현실에서 그대로 집을 지었노라.

79 자기 성취 예언?
목적은 박사가 될 때까지 죽어라 공부한다.

80 '열정(熱情)' 과 '집요'함?
열정은 머리, 손, 발, 끝과 기력과 정력을 다하며, 집요함은 그 어떤 것도 버리지 않는 마음이며, 그 어떤 것도 한 곳에 동행하는 것이다.

81 문제는 재주가 아니라 근성?

씨앗은 문제이고, 씨앗일 뿐이다. 이것을 재주는 알아서 다시 풀어 쓰는 것이다. 근성은 문제에도 재주에도 있는 것이다.

82 '결단력'과 '우유부단함'?
갈팡질팡이 결단을 부르고, 갈팡질팡이 우유부단이로다.

83 '용감'함과 '비겁'함?
어린아이가 큰 소를 고삐 잡고 끌고 가면 용감한 것이고, 이것을 누구나 할 수 있다고 가볍게 보는 마음은 비겁함이다.

84 자기 내면의 소리에 충실하기 위해선?
나 이상만큼 말하려고 하여도 나만큼 밖에는 말할 수 없다. 또 아는 만큼 두려움을 버리지 못하면 아는 만큼도 말할 수 없다.

85 성실함 배우기?
할 일을 미루는 마음을 버리고 순서에 알맞게 충실하다 보면 모르는 것도 알게 되는 것이다.

86 사랑의 향기를 발산하는 법?
기도는 나 자신을 정화하는 정신이요, 법에 매달

리면 고인 물이 썩음을 겪는다.

87 남의 말을 잘 듣는 기술?
모든 사물을 보아 두듯이 남의 말을 들어두면 지혜롭게 쓸 데가 있는 것이다.

88 현상 유지?
그 누구라도 현상유지는 말이 필요 없음.

89 지는 것이 이기는 것이다?
아는 것도 들어두면 새로워진다.

90 협력자를 만드는 방법?
협력자를 만들려는 생각을 버리고, 부담을 주지 말며, 편견을 버려야 하고, 이익됨을 주고, 단점을 보강해 주어라.

91 작은 친절의 큰 힘?
친절이 과하면 어리석은 것이요, 친절의 의미는 친구에게도 절을 하고 예를 갖춘다는 뜻이다.

92 사랑은 '의지' 이자 '행동'?
부모, 부부, 자녀, 남녀노소 모두에게 생각을 교환하는 것이고 가꾸는 것이며, 표정과 행동이 있어야 한다.

93 '나'에서 '우리'로 나아가기?
한 개의 씨앗이 가지 많은 나무가 되었노라.

94 '여기까지' 그리고 '이제부터'?
냇물이 흘러 강물과 합류하여 바다로 간다.

95 만족과 판단은 기대에서 나온다.
기대는 숨어 있는 욕심과 같다. 기대가 과하면 판단과 만족을 흔들어 놓는다.

96 자신을 이해시켜라?
부모가 없는 사람은 부모를 원망하기에 앞서, 부모 역할까지 자기가 하고 만족해한다. 기쁨과 즐거움을 나 홀로 찾을 줄 아는 사람은 남과 함께 하여도 행복해하며 자기를 칭찬할 줄 안다. 나 홀로 있을 때 괴로움과 외로움을 찾는 사람은 남과 함께 하여도 즐거움을 버린다.

97 '나아가게 하는 힘'과 '방해하는 힘'?
눈을 뜨면 나아가게 하는 힘이요, 눈을 감으면 방해하는 힘이다.

98 '존중' 과 '보살핌' 의 관계?

꽃은 꽃나무를 중하게 여기며, 꽃나무는 꽃을 보호한다.

99 끊임없이 쇄신하는 방법?

사막에서 물을 찾는 정신을 가져야 한다.

100 억누르는 짐 벗어 던지기?

할 일을 다 했을 때 무거운 짐은 벗으려고 하지 않아도 저절로 벗어진다.

잘못 박은 못은 빼어내고 다시 박아라!

1 **자아 발견이란?**
마음뿐인 것을 실천할 수 있는 능력을 찾아내는 것.

2 **자아 도취란?**
인정치 않더라도 혼자 즐기는 것.

3 **마음을 비우는 방법?**
내가 먹은 마음을 버려야 남의 말이 들린다.

4 **진정한 사랑의 크기는?**
손은 손일 뿐이다. 크고 작은 데 쓰는 것이다.

5 **목표를 달성하려는 마음가짐은?**
목적을 한시도 잊지 말라. 길이 보이는 것이다.

6 진정한 사랑의 크기는?

나를 아끼는 마음 같이 모든 이에게 베풀어라.

7 한가지의 꽃을 보는 사람들의 감정이 다른 이유?

꽃을 보는 거리와 방향이 다르고 생각이 다르기 때문이다.

8 자신감을 자신에게 가득 채우려면?

필수품을 제자리에 두고만 있다면 관상용일 뿐이다.

9 기도의 힘의 끝은?

기도를 시작도 안 해본 사람은 끝을 가르쳐주어도 알지 못한다.

10 타인(他人)에게 원망스런 마음이 생길 때는?

조상 탓을 하는 이는 할 일도 없고 해 놓은 일도 없어서 탓이라도 하나 보다.

11 내 자신을 바로 바라보려면?

필수품이 많아도 꼭 필요할 때 찾아 쓰는 것이다.

12 현실 도피가 생기는 마음은?

자신이 변하고 발전할 용기가 없어서.

13 믿음의 크기?

배고프다고 믿는 사람은 음식을 꼭 찾아 먹더라.

14 사랑의 힘이란?

사람은 은혜를 입으면 그 은혜를 갚고, 크고 작은 은혜를 주는 것이다.

15 열심히 살면 얻어지는 것은?

복숭아를 심고 열심히 가꾸었으면 복숭아를 먹게 되는 것이다.

16 마음이 삭막한 사람을 촉촉하게 해주려면?

하루아침에 배워서 남을 가르칠 수 있겠는가? 마음 공부를 열심히 하여라.

17 닫힌 마음을 열려면?

아픔이 오면 약을 찾는 것도 마음을 여는 것이다.

18 참 심(心)이란?

남과 나에게 해가 되지 않는 것을 깊이깊이 생각하는 마음가짐.

19 능력을 달라고 기도하면 내가 모를 능력이 생기는 것은?

그 능력을 참된 곳에 심는 것이다. 의자를 달라고 하면 의자 만들 재료가 오는 것과 같다.

20 나쁜 술버릇을 고치는 방법은?

공부를 많이 한 사람은 공부를 많이 할수록 모르는 것이 더 많아진다. 잘하는 것이 많은 사람은 잘못도 더 많은 것이다. 잘못을 반성하라.

21 지적을 바로 받아들이는 마음가짐은?

모르는 것이 어리석음도 아니다. 모르는 것을 아는 체하는 것이 아집이다.

22 약속이 주는 교훈?

마음의 약속은 실천의 결과를 얻는다.

23 공경심에서 얻어지는 것은?

바람이 있는 마음으로 공경을 한다면 멀미가 오고, 바람이 없는 공경은 가정에 평화가 온다.

24 항상 감사하면 우리가 받는 것은?

감사함을 알고 갚을 줄 아는 이는 기쁨과 건강한 삶이 온다.

25 인색한 얼굴이란?

인색한 처세이다.

26 진리를 찾으려면?

밥을 먹을 때 손에 쥔 젓가락을 보라. 진리의 근본을 알게 될 것이다.

27 가식 없는 실천을 하려면?

멀리 뛰려고 갑자기 장대를 잡고 뛰면 다리가 부러진다.

28 착한 사람이 어렵게 사는 이유는?

큰 것에 실천을 못하고 작은 것에만 착하기 때문이다.

29 큰 어머니의 마음은?

어머니 마음을 넓고 크게 많은 곳에 쓰는 마음가짐.

30 목적을 바로 세우려면?

수시로 목적을 바꾸지 마라.

31 고독한 것은?

목적을 위한 실천을 두려워하는 것.

32 교만이 주는 불이익?
밥을 흘리고 먹는 것을 어찌 할꼬!

33 나의 교만이 타인에게 주는 것은?
썩어 가는 과일을 주는 것과 같다.

34 왜 우울증이 생길까?
기쁨이 외면당하는 사람만.

35 윤회설이란?
내가 먹은 음식을 돌아가 버리면 또 그 음식을 찾아 먹어야 하는 것과 같고 내가 실천한 것은 또 다시 돌아오는 것이다.

36 남을 축복하는 참 마음은?
어둠 속에서 불이 밝혀지기를 바라는 마음과 불을 켤 수 있는 재료를 주는 것과도 같다.

37 지혜의 빛이란?
참 실천의 결과가 지혜의 빛이다.

38 삶과 죽음의 번뇌란?
진실되게 실천하면 살아 가는 사람은 죽음과 고통을 생각하지 아니하여 번뇌가 없는 것이다.

39 고해란?
힘이 들지라도 목적 실천에 충실하는 것이다.

40 범사에 감사란?
몸과 마음은 하나이다. 의지하지 않는 것이 하나도 없기 때문이다. 크고, 작고, 많고, 적음을 모두 감사하는 것이다.

41 타인을 진정으로 사랑하는 방법은?
사랑은 하나인 것이다. 많은 곳에 써라.

42 건강 음악을 많이 들으면?
좋은 생각이 떠오르겠구나.

43 내 자신을 다스릴 힘이란?
의복의 사치를 부리지 않는 것과 같다.

44 기도하는 마음으로 살면?
말이 필요 없는 힘을 얻고 행복해진다.

45 기도로 무슨 일이든 승리할 수 있다고 보는데, 맞아요?
실천을 해보지도 않은 사람이 함부로 결정하면 맞는 것일지라도 죄보다 더 큰 업보이다.

46 비가 오면 마음이 센치해 지는 이유는?

해가 넘어가면 쉴 곳을 누구라도 찾는 것이다.

47 바다를 보면 마음이 평화로운 것은?

더 나갈 길이 없어서 생각이 맑아지는 것이다.

48 인간은 가끔 혼자 있고 싶은데, 왜?

날이 더우면 그늘을 찾더라!

49 하고자 하는 각오만 있으면 무슨 일이든 해 낼 수 있을까요?

글만 잘 쓴다고 자랑만 하면 글씨도 보이지 않더라.

50 집중력을 키우려면?

방바닥에 떨어진 콩을 주워 보라. 그것이 집중력이고, 집중력이 커지는 것은 무거운 돌을 옮기는 것과 같다.

51 책을 많이 보게 하려면?

한 권의 좋은 책을 21번 이상 읽게 해라.

52 무(無)는 한마디로 뭔가요?

눈을 감아라!

53 신과 인간의 관계란?
자연 관계.

54 자가당착이란?
문고리를 잠그고 못 여는 것과 같다.

55 승리의 기쁨이란?
하고 싶었던 여행을 하고 돌아온 것과 같다.

56 영생(永生)이란?
육신은 죽어도 마음은 영원하다.

57 믿으면 능력이 내게 주어지는데, 그 힘은?
용기.

58 남에게 무엇이든지 자꾸 주고 싶은 마음은?
줄 것이 없으면 주고 싶은 마음뿐이다.

59 행운의 길과 문(門)이란?
먹을 수 있는 것을 찾는 것이 길이고, 먹을 것이 보이는 것이 문이다.

60 공력의 힘은?
언제라도 쓸 수 있는 힘.

61 행복해질 수 있는 진리란?
노래를 하고 싶거든 노래를 배워 두는 것과 같다.

62 마음을 고요하게 가지고 싶을 때는?
한 생각을 찾아라.

63 노여움을 식히고 싶을 때는?
조급하지 마라. 조급하면 생각이 흩어져 지혜롭지 못하다.

64 가르침을 올바르게 받는 자세는?
배가 고플 때는 잠도 안 오더라.

65 밝고 맑음이 주는 가르침은?
갈 곳이 떠오른다.

66 하느님은 사랑, 부처님은 자비, 그 차이점은?
사랑도 은혜를 입은 것이고, 자비도 은혜를 입은 것이다.

67 '마음을 비운다' 는 것은?
용기에서 술을 비우고 맑은 물을 담는 것과 같다.

68 복된 삶이란?

가난과 부자는 물질 차이일 뿐이다. 번뇌가 흐르지 않는다면 복된 삶이다.

69 현자락산(賢者樂山). 현명한 사람은 산을 즐긴다고 했는데, 그 이유는?

스스로를 크게 다스릴 줄 아는 자는 즐거움이 큰 산과 같다는 의미가 깊다.

70 작은 것에 감사함이 생길 때 행복감이 드는데, 그 이유는?

똥이 마려울 때는 화장실이 보이는 것과 같다.

71 진실하게 살고 싶은데, 나도 모르게 가식을 썼을 때는?

항상 조급하면 진실이 무너진다.

72 각오를 단단히 할 때 두려움이 없어지는 이유는?

날이 밝은데, 어디를 못 볼까?

73 상대편의 마음을 쉽게 여는 방법?

상대가 필요한 것을 찾아주어라.

74 조건 없는 사랑이란?

관계를 맺지 않고 잘 지내는 결과가 있어야 한다.

75 성격이 부정적인 사람을 바꾸는 방법?
남이 변하기를 바라지 말고 내가 먼저 정직하게 변하라. 상대방을 함부로 평가하는 것은 나의 어리석음을 자랑하는 것과 같다.

76 나쁜 버릇을 확실히 고치려면?
잘못 박은 못은 빼어내고 다시 박아라!

77 멀리 떠나고 싶은 마음은 왜 생길까?
호기심이 먼 곳에 있기 때문이다.

78 사랑하고 좋아하는 마음을 남에게 전하고 싶을 때······?
전하고나 보아라. 배고프지 않은 사람에게 식사 대접을 하면 거절당한다.

79 남에게 욕 잘하는 사람을 고치는 방법?
욕은 소리일 뿐이다. 먹을 것도 아닌 것을 배고프다 하지 말라. 더 주지 않을 것이다.

80 경이로움이란?
절경을 보고 가질 수 없지만, 환하게 보이더라.

81 덕을 바로 쌓으려면?
크고 작은 감사함을 갚는 것이고, 감사함을 행하고 주는 것이다.

82 진정한 봉사의 근본?
어린 아이 밥 먹여주고, 씻어주고, 닦아주고, 모르는 것을 가르쳐주는 것과 같다.

83 남에게 바르게 베푸는 정신은?
하나를 얻어 만 군데 쓰는 것이다.

84 봉사의 바른 정신은?
가까이 있는 가족과 이웃부터 최선을 다하는 마음가짐.

85 행(行)해서 나타나는 것은?
결과.

86 '진리는 하나다' 란?
작아도 의지되고, 깊이 알게 되는 것까지.

87 '은혜를 먹는다' 는 것은?
부모님은 하나인데, 후손은 같은 방법으로 낳는

것과 같다.

88 '은혜를 먹는다'는 것은?
어머니의 젖부터 먹었고 모든 행 또한 먹는 것으로 비유한 것이다.

89 인생에서 갖추어야 할 건강한 씨는?
성품.

90 남이 힘들어 할 때 도움(마음과 물질)을 줄 수 있는 방법은?
가진 만큼에서 크게 쓰도록 적게 주는 것이다.

91 지혜를 바로 갖추려면?
항상 하나를 깊이 생각하고 헤아려보는 마음가짐.

92 건강한 씨를 싹트게 하려면?
성품이 온전해야만 때와 터를 안다.

93 마음의 바른 양식은?
어리석지 않은 성품.

94 큰 능력을 받으려는 자세는?
작은 것을 크게 쓰려는 마음가짐.

95 남이 무슨 말을 하면 잘 맞는 사람은?
호기심이 많은 사람.

96 그 자체가 움직임이고 소리라고 하셨는데, 깊이 느끼려면?
고요히 있으면 들린다.

97 본심과 양심이 같이 따라다니는 정신은?
마음은 본심이고 너의 육신이 양심이다. 곧 생각은 본심이고 실천이 양심이다. 허둥대지 마라! 정신이 흐트러진다.

98 온유한 사람이란?
진심을 때 묻히지 않고 순리를 어긋대지 않는 사람.

99 '자력'과 '기력'은?
자력은 힘을 부르는 것이요, 기력은 힘을 모아주는 것이다.

100 행복의 준비를 자세히 가르쳐주세요.
어떠한 글씨를 배워서 어디에 만족스럽게 쓸 것인가와 같다.

많이 알수록 모르는 것이 더 많아진다

1 진정으로 나를 가꾸는 마음?
  나 갈 길 이외는 호기심도 갖지 말라.

2 말을 맛있게 잘 하려면?
  생필품이 갖추어진 사람은 필요할 때 잘 쓴다.

3 자신을 낮추지 못하는 이유?
  자신을 낮추지 못하면 꿈을 이루었을지라도 실
  패한다.

4 인정만 받으려는 사람?
  재물을 얻었다면 건강에 크게 손상이 온다.

5 인간 관계를 잘 맺으려면?
  사람을 업신여기지 말고 존중하라.

삶을 부지런히 갈고 닦아라

6 진정한 수행자의 마음?

모든 것이 수행이다. 목적에 정직하라.

7 상대의 마음을 보려면?

내 마음을 잃지 말라. 작은 소리를 들을 때 고요
하듯이 하라.

8 거울에 비친 내 모습?

이기심을 버리고 용기를 찾아라.

9 '왼손이 하는 일, 오른손이 모르게 하라'는 말?

단둘이 나눈 말을 남에게 함부로 하지 말라는
의미가 깊다.

10 배움의 올바른 자세?

모든 것은 깊이가 있다. 목적을 버리지 말라.

11 욕심이 화를 부른다는데?

남을 불편하게 하고 싶은 마음이 욕심이고 허겁
지겁 얻고 싶은 것도 욕심이다. 설치면 넘어진다
는 의미가 깊다.

12 '하나를 보면 열을 알 수 있다'는 말?

물질은 하나이나 필요성은 많은 곳에 있다는 의미가 깊다. 필요성을 찾아라.

13 사람을 볼 때?
필요 이상을 생각하며 보지 말라.

14 사람의 도리?
자신의 목적에 충실히 정직해야 하고 묶어진 생각에 벗어나 선지식 말씀을 많이 듣고 실천에 옮기는 것이 도리이다.

15 도움을 주고 싶은 마음?
도움을 주고 싶은 마음은 자비의 마음, 즉 선비의 마음이다. 때 묻지 않은 마음으로 주는 것이다.

16 도움을 받고 싶은 마음?
도움을 받고 싶은 마음은 모자람을 채우고 싶은 마음이기 때문에 올바른 마음으로 도움을 청하는 것이다.

17 '편견'과 '선입견'?
편견은 고요함을 깨뜨리는 것이고, 선입견은 아늬 고요함을 흔드는 것이다.

18 '외로움'과 '노여움'?

남이 일할 때 나 혼자 놀고 있으면 외롭다. 노여움은 나의 아집이 낳은 씨이다.

19 시술자의 마음?

동적이기보다는 정적이어야 한다. 마음을 고요히 하라.

20 자가 당착?

하고 싶은 일을 미루는 것이고, 자기 생각 이외는 듣지 않는 것.

21 '기술'과 '능력'?

기술은 정해진 것이고 능력은 발전하는 것이다.

22 나를 지적해 줄 때?

스쳐 가는 스승으로 믿고 받아들이고 깊이깊이 생각하라.

23 좋은 생각?

나의 어리석음을 찾아서 버려라.

24 좋은 인연?

좋은 인연을 맺으려면 어리석음에서 나오는 목

적을 이루려 하지 말라.

25 자연의 힘?
자연은 나를 바라보고 도와주고, 잘못을 하면 벌을 주는 힘이 있다.

26 생명의 힘?
진리의 씨이고 능력을 내는 힘이 있다.

27 영원한 것?
잊혀지지 않는 기억.

28 영원하지 못한 것?
생각조차 떠오르지 않는 추억.

29 맑고 깨끗한 마음?
탐욕을 버리고 고요함이 흐르는 마음.

30 올바른 정신?
저주는 사람을 얕보는 정신이다. 원망과 질투, 노여움, 화를 내지 않는 정신.

31 행복한 마음?
사람을 가볍게 보지 않는 마음은 언제라도 행복

을 느낀다.

32 즐거운 마음?
희망을 그릴 줄 아는 사람은 항상 즐거움이 온다.

33 깨끗한 마음?
어리석음을 후회하기보다 아집을 버리는 사람
은 가정에 평화가 온다.

34 걸림 없는 마음?
항상 양보하고 삿된 것은 찾지 않는 사람은 사업
이 번창한다.

35 마음 공부?
지식을 외우고 기억하고 있는 것은 기록에 불과
하고 마음을 다스리는 것은 불행을 얻지 않는다.

36 마음 약속?
크고 작은 행의 결과는 크고 작은 마음의 약속의
씨이다.

37 마음의 빛?
실천의 결과가 마음의 빛이다.

38 마음의 때?
실천을 못하고 후회하며 고통스러워하는 것.

39 정직이란?
가식 없는 실천.

40 순하고 착한 사람?
순함은 바른 것을 받아들이는 것이고 착함은 바른 것을 행하는 것이다.

41 최면이 잘 걸리는 사람?
목적이 없는 정신.

42 상처를 정성껏 치료해 주는 마음?
보살피는 마음.

43 보여주는 마음?
자랑을 일삼는 마음은 더럽혀지는 씨이고, 결과와 어리석음까지 보여주는 마음은 발전의 씨이다.

44 한 생각?
물질은 하나이나 끊임없는 필요성을 깊이깊이 찾는 것이 한 생각이다.

45 깨우침?

아집은 자기 생각만을 벗 삼는 것이고, 아집에서 벗어나는 것도 깨우침이다.

46 하심이란?

물이 고요히 흐를 때 둑은 무너지지 않는다. 나의 목적과 내 정신은 둑과 같다. 생각과 행을 고요히 하라는 의미가 깊다.

47 수행이란?

수행은 지식과 견문과 상식을 갖추고 마음을 다스리며 실천을 고요히 행하는 것이다.

48 움직이는 힘?

성스러움이 꿈틀거림과 같다.

49 말대꾸?

받아들이지도 않으면서 말씨름하는 말.

50 끼?

모든 것에 흥미를 지니고 있는 마음.

51 지혜란?

실천을 헤아릴 줄 아는 마음가짐.

52 과할 때?

실천에 있어 서두른 것까지가 과함이고, 과함은 불행을 얻을 씨이다.

53 못 알아들을 때?

자기 지식에 치우치지 말 것이며, 상대방의 상식에 맞추어 보라.

54 '행운'과 '액운'?

마음씨는 정해진 것이 아니다. 행운은 마음씨를 곱게 진실되게 만들며 다스린 뒤에 오는 것이고, 액운은 마음씨를 가식적으로 만들어 다스린 뒤에 오는 것이다.

55 '시기'와 '질투'?

시기는 시간을 어기는 것과 같고, 질투는 사용하는 그릇을 깨뜨리는 것과 같아서 풍파를 면할 길이 없다.

56 직감이란?

직감은 즉시 느끼며, 대화에서 느끼는 것 또한 즉시이다.

57 예감이란?

멀리서부터 다가오는 것이다. 마음을 느끼는 것은 물질에서 나는 향기와도 같다.

58 덕을 쌓으려면?

은혜를 입는 것은 덕을 입는 것이고, 그것을 갚고 또 갚는 것이 덕을 쌓는 것이고, 욕을 먹다가도 깨우친 것은 은혜를 입는 것이다.

59 적극적인 삶?

힘이 들지라도 하는 것이 적극적인 삶이다.

60 소극적인 삶?

힘이 든다고 미루는 것까지가 소극적인 삶이다.

61 돌다리도 두들겨보고 건너라는 말?

아는 길도 물어 가는 것이 근본이고, 많이 알수록 모르는 것이 더 많아진다는 말과도 같다.

62 모서리에는 왜 앉지 말아야 하는지?

모든 물체는 힘, 즉 기운이 있다. 그 기운은 모서리로 뻗치는 것이다. 기운은 자석의 자력처럼 멀리까지 나가므로, 모서리에 머물러 있으면 짧은 시간에도 건강에 피해를 끼친다.

63 대범한 사람?

대범이란 크고 작고 가지 수가 많고 적음을 통합한 단어이다. 대범한 사람은 이 모든 것을 가리지 않는 것을 의미한다.

64 소심한 사람?

미숙한 마음이란 의미가 깊다.

65 '성공'과 '실패'?

성공은 진실된 실천의 대가이고, 실패는 열심히 행했을지라도 틀을 어긴 대가이다.

66 넉넉한 마음?

많고 적고 있고 없고를 따지지 않고 현실의 실천에 만족하는 마음가짐.

67 이유없이 잘 아픈 사람?

모름지기 문제만 있는 것이 아니고 힘이 결합되어 있다. 마음이 힘을 움직여주고 힘은 물질을 움직여준다. 마음이 근원이다.

68 우울증?

우울증은 현대의학에서 말하기를 '마음의 감기'라 한다. 우울증은 울고 싶은 마음을 버리지 않은 사람에게만 온다.

69 짜증?

짜증은 손을 붙잡고 놓아지지 않는다고 괴로워하는 것과 같다. 짜증을 버리지 않은 사람은 이룰 것에 꼭 손상이 온다.

70 마장?

번뇌가 이글거리고 동서남북을 못 가리는 것.

71 보살의 길?

나의 몸과 마음을 남을 위해 쓰는 것과 같다.

72 '용기' 와 '믿음' ?

용기는 행을 요구하는 기운이고, 믿음은 용기를 불러들이는 것과 같다.

73 '봉사' 와 '자비' ?

봉사는 남이 할 수 없는 일과 모자람을 도와주는 것이고, 자비는 나의 지식과 견문, 상식, 기술, 물질, 마음까지도 남을 위해 주는 것이다.

74 청정한 사람?

그릇됨을 버리고, 올바른 실천을 했고 그것을 다

시 행(行)한 사람.

75 과거, 현재, 미래?
생각이 과거이고 실천이 현재이며 결과는 미래
이다. 그러므로 생각을 헛되이 하지 말며 실천을
중시하면 행복은 꼭 내 것이 된다.

76 윤회?
윤회를 멀리서 찾지 말라. 나의 생각과 실천이
결과로 돌아온다.

77 '선업'과 '악업'?
선업은 필요성의 실천이고, 악업은 필요 이상의
실천이다.

78 귀신은 있어요?
보지도 듣지도 느끼지도 실천할 수도 없고 결과
도 없는 것을 말하는 사람이 귀신이다.

79 '발심'과 '수행'?
발심은 실천을 요구하는 마음이고, 수행은 갖춘
것을 고요히 쓰며 고요히 행하는 것이다.

80 기도하라고 왜 권장하세요?

기도는 진리를 얻는 근원이기 때문이고, 진리는 모든 숙제를 풀어주는 능력이 있기 때문이다. 진리를 어기는 이는 재앙을 면치 못한다.

81 여름은 왜 덥나요?
몸의 수분이 적기 때문에 빨리 부글부글 끓고 있다.

82 산은 높고 물은 왜 깊어요?
산은 눈 위에 있고 물은 눈 아래 있기 때문이다.

83 남자와 여자는 왜 사랑해요?
서로가 부족한 것이 다르기 때문에.

84 잠은 왜 자요?
힘을 쓰고 나면 힘이 모자라게 된다. 힘을 보충하는 근본이다.

85 밥은 왜 먹어요?
나의 힘이 부족해서 밥 힘 얻느라고.

86 머리는 왜 검은가요?
흰머리도 있더라. 의학박사에게 묻자구나.

87 화장은 왜 해야 하나요?

화장품보다 얼굴이 곱지 않아서이다.

88 옷은 왜 입으세요?

벗고 살면 좋겠는데 남이 욕할까봐······.

89 신발은 왜 신으세요?

길들여진 것을 벗을 수도 없구나.

90 과일은 왜 달고 맛이 있나요?

입맛이 그렇다고 하니까. 마음이 아플 때는 과일
도 쓰더라.

91 채식은 왜 해야 하나요?

소는 채식을 해야만 건강하더라.

92 물만 먹어도 살찐다고 하는 사람?

그런 사람 없더라. 그 사람 좀 보자. 물만 먹어도
붓거나 살이 찌는 사람은 의사에게 상담하기 바
란다.

93 암은 왜 걸리나요?

암은 쉬지 못할 때 들어오고,

94 고혈압은 왜 생기나요?

고혈압은 참지 못할 때 들어오고,

95 당뇨는 왜 생기나요?

당뇨는 과분할 때 들어오고,

96 앞으로 경제는 잘 풀리나요?

국민이 노력하고 실천하고 연구하다 보면 세계 사람들이 5년 뒤에는 꼭 우러러 본다.

97 백문 백답을 왜 하라고 하시나요?

내 생각이 짧아서 생각 좀 깊이 해보려고 한다.

98 일조원의 앞날은?

세계가 손들고 반겨주겠구나.

99 몸은 내 몸인데 내 마음대로 못하고 사는 이유?

사고력 부족이다.

100 어떻게 살아야 사람답게 잘 살았다는 소리를 들을 수 있나요?

진리를 찾아 정진하고, 수행하라.

1 신이 보는 인간의 존재?
가식은 참을 얻지 못한다.

2 인간은 신을 어떻게 보아야 하나요?
신(神), 영(靈), 혼(魂), 백(魄)은 소리, 빛, 향기, 맛
이며 생명의 씨를 신(神)으로 보아야 한다.

3 삶이란?
모든 생명을 가장 소중히 여기는 실천이다.

4 바르게 산다는 것에 대하여?
나 이외의 생명에게 상처를 주지 말며 인간 속에
서 가식 없이 실천하면서 살아야 한다.

5 힘든 인생의 원인은 무엇입니까?

노력과 실천이 과장된 것이다.

6 **부처님은 왜 삶은 '고(苦)'라고 했습니까?**
힘듦을 받아들이고 게으름을 버리라는 뜻이 깊으니라.

7 **나는 어디에서 왔나요?**
지구촌이 빚어낸 생명의 씨이다.

8 **나는 누구입니까?**
마음에 심어진 생명인 인간이다.

9 **불경의 사구계란 무슨 뜻입니까?**
인간의 이목구비 즉 귀, 눈, 입, 코이다.

10 **우주의 마음이란?**
색도 밝음도 맑음도 무게도 없는 생명수이다.

11 **인연이란 무엇입니까?**
생명과 생명의 교감이다.

12 **일체유심조란?**
돌까지도 생명수인 마음속에 있다. 생명의 씨는 어디에서나 자라고 있다는 뜻이다.

13 색즉시공?

'색즉시공(色卽是空) 공즉시색(空卽是色)' 이라 한다. 이것의 의미는 생명이 있는 곳에 마음이 있고 마음이 있는 곳에 생명이 있다는 뜻이다.

14 정신과 육체의 고통을 초월하려면?

정신이 있으면 육체가 있듯이 고통 또한 있는 것이다.

15 경전이 은유법으로 쓰인 이유는 무엇입니까?

감추어진 것도 아닌데 쉬운 것을 어렵게 볼 때 숨은 것이다.

16 원죄를 지으면 동물로 태어난다는 게 사실입니까?

인간 이전과 사람 이후를 깨우치려 하지 말라. 너의 진정한 인간의 삶이 숨어버린다.

17 하나님은 어떻게 존재할 수 있습니까?

마음은 높고 깊은 것…. 지구촌의 모든 것은 마음속에 심어 있다.

18 예수님이 죽은 후에 부활한 것은 사실입니까?

그렇게 믿는 것이 좋을 법하구나.

19 영생을 얻는다는 것은 무엇입니까?

생명의 존엄성을 깨닫고 인간으로서의 삶을 깨
끗이 하라는 의미가 깊다.

20 죽음 직전에 사람은 무엇을 느끼나요?

죽기 전에 알아야 할 일을 먼저 알아서 말장난할
것인가! 돈이나 열심히 벌어서 좋은 일에 쓰도록
힘써 보아라.

21 수명은 신에 의해 정해져 있습니까?

과학이 아무리 발달할지라도 내가 먹은 생명들
이 인간의 육신을 가져 간다.

22 수명의 차이는 무엇 때문입니까?

크고 작은 불꽃과 같으니라.

23 인간의 의지로 수명은 조절이 가능합니까?

인간의 생명은 불씨와 같으니 생명 조절이 가능
한 것이다.

24 진리의 길이란?

내가 본, 있는 그대로 깊이 보면 자연에 쓰여 있다.

25 참이란 무엇입니까?

참이란 자연에 순응하는 진리를 따르는 것이다.

26 거짓이란?
남을 어지럽히고 나는 중심을 못 잡는 것이다.

27 '참'과 '거짓'의 기준은 무엇입니까?
참은 남을 바른 길로 인도하는 것이고 나는 행복해지는 것이다. 거짓은 남을 울리는 것이고 나는 통곡하는 것이다.

28 마음이란?
모든 생명을 위한 생명수인 것이다.

29 감정이란?
나 이외의 생명과 교감하는 것이다.

30 마음이 흔들리지 않으려면?
정신을 바르게 세워야 한다.

31 마음을 먹는다는 것은 무엇입니까?
육신을 위해 밥을 먹어주듯이 나의 생각이 생명의 씨이므로 생각이 마음을 먹는 것이다.

32 마음의 문을 연다는 것은?

타인의 생각을 내 몸에서 키워 보는 것이다.

33 닫힌 마음은 무엇입니까?
타인의 생각을 아예 받아 보지도 않는 것이다.

34 '보여주는 마음' 과 '보이는 마음' ?
나의 생각이 움직일 때 마음은 알고 있다.

35 성내는 마음은 왜 쉽게 일어납니까?
나의 정신이 생각의 주인이다. 생각을 갑자기 혼내고 있기 때문이다.

36 마음에도 끝과 시작이 있습니까?
마음은 끝도 시작도 없는 것이다.

37 있는 그대로란 무엇입니까?
바람이 불 때 나무가 흔들리는 것이 그대로이다.

38 기쁨은 어디에서 옵니까?
생각이 정신의 말을 잘 들을 때이다.

39 자식의 마음이란?
자연의 질서를 배우려는 마음가짐이 있어야 한다.

40 귀신을 믿는 자의 마음?
소리를 믿는 사람은 행복을 부르고 있고 향기도
아닌 표적을 믿는 사람은 행(行)을 했지만 헛된
행이다.

41 철학, 종교, 현실의 조화는 어떻게?
과거의 철학은 자연의 순리를 대화하는 것이었
고, 종교 또한 참 삶을 이야기하였다. 현실은 과
거를 배워서 익히고 앞으로의 삶을 헤쳐 나가는
것이다.

42 음양(陰陽)을 동시에 본다는 것은?
해가 뜰 때를 양이라 하면 해가 질 때가 음이고,
열매의 꼭지가 음이라면 열매의 끝은 양이다.

43 '혼'과 '백' 이란?
혼은 향기이고 백은 맛이다.

44 도사의 멋은 어디에 있습니까?
하나를 보고도 열을 아는 멋이 있다.

45 완전함이란 무엇입니까?
활발하게 생명이 잘 살아가고 있다.

46 불완전함이란?
삶을 불쾌하게 생각하며 살아가는 것이다.

47 집착이란?
한 곳에만 머물고 있는 것이다.

48 집착을 버리려면 어떻게 해야 합니까?
동서남북으로 움직일 줄 알면 된다.

49 끝없는 괴로움을 초월하려면?
감사함을 터득하고 고마움을 주어라.

50 자존심이란 무엇입니까?
나에게 이목구비가 존재하듯이 내 마음속에 나의 정신이 존재하고 있다.

51 자존심은 버려야 됩니까, 지켜야 됩니까?
자존심은 나의 생명의 씨요, 정신이다. 과장하려는 생각이나 버려라.

52 필요한 것을 얻으려면?
과장하는 마음이 필요한 것을 얻지 못하게 한다. 반성하고 진실을 실천하여라.

53 상대의 마음을 움직이려면 어떻게 해야 합니까?

내 마음을 정직하게 움직여 보아라. 상대방이 나와 교감하게 된다.

54 열정이란 무엇입니까?

열매를 익히는 씨이다.

55 열정을 불러일으키려면?

한 곳에 집중하라. 열정의 씨가 자랄 것이다.

56 자식은 내 마음대로 안 된다는 말이 있는데?

큰 나무가 열매를 달고 있을 때만 열매를 익혀줄 수 있는 것과 같다.

57 자녀 교육의 최선은 무엇입니까?

배움을 가까이 하게 하고 책임감과 용기를 북돋워주어라.

58 때가 있다는데 때를 어떻게 알 수 있습니까?

책을 많이 읽어 본 사람은 자기의 책 읽는 속도를 알 수 있다.

59 가장 쉽게 자신을 알리려면?

내가 실천해 가는 만큼씩만 알려지는 것이다.

60 갑자기 특정인의 과거나 미래가 보일 때 나의 심리 상태는?

보지도 못하고 보았다고 떠드는 놈은 주인보고 개가 짖는 격이로다.

61 선생님께서 깨달음을 얻은 때는 언제입니까?

가만히 있던 나무가 바람이 불 때 움직이더라.

62 깨달음을 방해하는 가장 큰 요인은 무엇입니까?

내가 작게 보이거나 크게 보일 때 허깨비가 보여서 불만이더라.

63 기도는 어떤 효과가 있습니까?

흙으로 물을 정화하는 힘과 같다.

64 공력의 정의?

음식을 세월 따라 먹어서 내 몸과 정신이 크게 자란 것 같다.

65 내공을 얻으려면?

공력이 쌓인 정신을 바르게 쓸 때만 얻는 것이다.

66 정신이란?
생명의 씨이고 이목구비의 느낌이다.

67 정신을 찾는 방법?
보이지도 않는 것을 어찌 찾을 것인가! 오직 힘 쓸 때만 아는 것이다.

68 근본을 찾는 방법?
똥의 근본은 밥이지 않은가.

69 사람을 보는 법?
너부터 보아라. 너를 본 만큼씩 보일 것이다.

70 미래에 대한 예지력은 어디에서 옵니까?
너를 볼 수 있을 때 예지력이 네 안에서 나온다.

71 지식의 운용은 어떻게 해야 합니까?
지식은 필요할 때만 지혜롭게 쓰는 것이다.

72 수조원의 정신은 무엇입니까?
나를 위해 남을 돕는 정신이다.

73 수조원의 미래에 대하여?
수조원의 미래는 밝고, 맑고, 건강하구나.

74 배움의 자세란?

나의 지식과 경험을 접어두고 남의 지식과 경험
을 받아들이는 겸손한 정신이어야 한다.

75 이기심이란?

남을 파괴하고 자기 착각에만 빠져드는 것이다.

76 현대사회의 지도자상에 대하여?

항상 때에 걸맞은 지도자가 나오더라.

77 돈이 나를 따르게 하려면 어떻게 해야 합니까?

내가 사람을 따를 줄 알게 되면.

78 지나치지 않으려면?

자가 당착에 빠지지 말고 착각 속에 헤매지 말라.

79 꽃이 아름다운 이유는 무엇입니까?

사람이 꽃을 아름답게 보고 있을 뿐이다.

80 의사소통이 힘이 들 때?

끝까지 나의 모자람이다. 하루도 빠뜨리지 말고
삶의 공부를 더 깊이 하여라.

81 남의 잘못을 보지 않으려면?

남의 잘못이 보이거든 내 잘못이 더 많은 것이
다. 나에게 필요한 장점을 찾아 보아라.

82 말을 하기 싫을 때?
안 하면 되지.

83 사춘기는 왜 있습니까?
그 누구라도 사계절을 다 먹고 느끼고 싶을 때
이다.

84 남자는 왜 여자를 생각하게 됩니까?
남자이기 때문이다.

85 대나무는 왜 속이 비어 있습니까?
대나무 보고 물어 보아라.

86 생물이 태양을 향해 자라는 이유는 무엇입
니까?
태양과 친구가 되어 보아라. 저절로 알게 될 것
이다. 태양한테 받은 빛을 되돌려 갚느라고 태양
을 향해 자라는 것이다.

87 태풍의 중심이 고요한 것은 무엇 때문입니까?
태풍 속에 들어가 보지도 않은 놈이 중심이 고요

88 예언이 실현되는 이유는 무엇입니까?

생명의 근원이 먼저 자라고(원력), 실체가 나중이기 때문이다.

89 우주인은 존재합니까?

네가 우주인이다.

90 풍수가 사람에게 미치는 영향은 얼마나 됩니까?

점(.)에서 영(0)까지.

91 신내림을 받은 사람이 건강하지 못하는 이유는?

네가 본 사람만 그러한가 보다. 모두가 마음 병이다.

92 근기란 무엇입니까?

정신의 뿌리이다.

93 미래에 대한 불안감의 해소는 어떻게 합니까?

그림의 호랑이를 보고도 무서워서 숨을 놈이구나.

94 제사를 지내는 것은 어떤 복이 있습니까?
보이지도 않은 것을 믿을 수 있으니 보이는 노력
과 실천의 힘이 더 자라는 복이 있겠구나.

95 행복하려면?
삶을 부지런히 갈고 닦아라.

96 나를 사랑하는 길?
과장하지 않고 해냈을 때이다.

97 후회하지 않으려면?
거짓된 삶을 버려라.

98 '진리(眞理)'와 '비진리(非眞理)'의 차이점은?
보이고 느끼는 것이 진리요, 보지도 느끼지도 못
한 것은 가짜요, 진리이다.

99 하나로 보는 법?
모든 것을 너의 몸 하나로 보고 있다.

100 하나가 되는 길?
참 네가 되어라.

친구란 나의 정신적인 가족이다

1 **인간은 왜 만물의 영장인가?**
자연의 모든 생명의 씨가 인간의 몸 속에도 들어
있기 때문이다.

2 **부부란?**
생명의 꽃이다.

3 **왜 도인이 되려 할까?**
도인이 되려는 사람은 도인이 될 수 없다. 하나
를 더욱더 깊이 알려고 하는 사람만이 도인이 될
수 있다.

4 **꽃은 왜 아름다울까?**
때 묻지 않고 곱게 피어 있기 때문이다.

5 **젊음을 유지하려면?**

생명의 존엄성을 깨우쳐라.

6 나쁜 생각?
나밖에 모르는 생각이다.

7 사람은 왜 똑같지 않을까?
아이와 어른이 있기 때문이다.

8 피부가 거칠면 귀인이 되지 않는다는데?
생각이 바르지 못하면 피부가 거칠어지기도 한다.

9 사모님이 가장 예쁘게 보일 때?
나에게 용기를 주고 인정해 줄 때이다.

10 슬기롭게 사는 방법?
사람을 가까이하고 들어둔 것과 보아둔 것과 생각해둔 것이 많으면.

11 정성은 어떻게?
할 수 있는 일을 서두르지 않고 최선을 다하는 것이다.

12 나를 낮추려면?
항상 배움을 가까이하고 겸손의 정신을 깨우쳐

야 한다.

13 시련 속에 성장한다는데?
낙오자가 되지 않기 위해 쉬지 않고 노력하고 실천하기 때문이다.

14 남의 단점만 보이는 것은?
내가 발전해 가는 노력을 적게 하는 사람이기 때문이다.

15 최선은 어디까지?
무한대이다.

16 정은 무엇일까?
맛에 물들어 있는 것이다.

17 남자의 마음?
남자와 여자는 겉으로 드러난 형태만 다를 뿐 생각과 마음은 같은 것이다.

18 혼자 있고 싶은 이유?
현재를 도피하고 싶은 마음이다.

19 건강 철학?
나를 이기는 것이다.

20 기도의 힘?
사막에서 물을 찾아 먹는 것과 같다.

21 영원히 살 수 없을까?
생명과 삶의 근본을 깨우치면 영원한 생명력을 얻을 수 있다.

22 100일 기도의 의미?
나무가 열매 속의 씨를 익게 하는 것과 같다.

23 소중함은?
'나' 이다.

24 삶의 의미?
생명의 엄숙함과 존엄성을 모르면 삶의 의미를 모르는 것이다.

25 초능력?
그 누구라도 알 수 있는 작은 힘을 크게 쓰는 것이다.

26 팔자대로 사는가?
이목구비가 맛 본대로 노력하고, 실천한대로 사는 것이다.

27 죽음의 두려움?

그 어떤 생명도 생명의 소중함을 저절로 알고 있기 때문에 두려움이 생기고, 또한 그 두려움을 다스리는 것이다.

28 옷을 멋있게 입으려면?

하나를 보고 열을 생각하는 마음이 깊어야 한다.

29 최면술은?

잠재 능력을 일깨우는 힘이다.

30 마음의 평화?

시기와 질투와 불만을 버리려는 마음이 깊으면 평화로워진다.

31 정복하려는 자의 마음?

나를 책임지려는 마음이 깊다.

32 방생?

생명의 소중함과 존엄성을 알게 하는 뜻이 깊다.

33 나를 변화하려면?

강한 정신력을 길들여야 한다.

34 다정다감(多情多感)하려면?
마음속부터 편견을 버리고, 마주 대할 줄 아는 겸손을 깊이 깨우쳐라.

35 영의 세계는 존재하는가?
내 마음이 영의 세계이다.

36 꿈은 왜 꿀까?
나의 기억들이 흘러 가고 있기 때문이다.

37 여행 중 위험에서 벗어나려면?
평소에 믿음과 기도가 깊어야 한다.

38 경쟁에서 승리하려면?
남을 이기려 하지 말고 나를 승리시킬 줄 알아야 한다.

39 나의 주장을 상대에게 믿게 하려면?
힘들이지 않고 승리하려는 생각을 버려라.

40 좋은 이름은 행운을?
이름을 좋게 해석하고 또 그렇게 믿으면 행운이 온다.

41 자신을 극복하려면?

두려움을 버리면 깨우침을 얻는다.

42 감정의 노예?

고정관념과 선입견을 버리지 못하면 감정의 노예가 되고 고달프다.

43 웃음꽃은 행복의 열매가 될까?

기쁨과 즐거움을 아는 사람은 힘든 일도 거뜬히 해낸다.

44 사랑의 힘?

씨앗을 심고 가꾸어 열매 맺음을 보는 것과 같다.

45 나를 인정하려면?

나의 정신을 잘 심고 가꾸어야 한다.

46 기회는 살면서 세 번 온다는데?

눈 뜨고 움직이고 쉬면서 잠자는 것까지 하루에 세 번의 기회가 있는 것이다.

47 괴로운 마음은 귀신의 장난인가?

나를 다스리지 못하는 게으름이다. 생각이 깊지 못한 것은 더 큰 게으름이다.

48 나를 알고 싶다?

나는 그 어떤 생명과도 바꿀 수 없는 엄숙한 생명이다. 게으름을 버려라. 나를 알게 된다.

49 악몽은?

나의 노여움이 악몽을 보게 한다.

50 당당하고 싶을 때?

작아 보이고 커 보이는 마음을 버려라.

51 일이 뜻대로 되지 않을 때?

노여움과 피해 의식을 버려라.

52 손님이 많게 하려면?

나의 최선과 정성을 남이 알아주기를 바라지 말라.

53 종교는 꼭 필요한가?

참된 종교라면 나의 실천을 밝고 맑게 해주며, 두려움을 버리게 해준다.

54 가정교육의 기본?

부모가 고정관념을 버리고 기본적인 것(근본 도리)을 잘 배워야 한다.

55 융통성이란?

틀에 박힌 생각과 행동을 버린 것이다.

56 '숙명'과 '운명'?

내가 사람으로서 태어난 것이 숙명이고 운명은 내 삶의 방법인 것이다.

57 모성애?

나무 끝에 열매가 익지 않고 떨어질까 최선을 다 하는 것이다.

58 생사의 근본?

내가 먹은 음식 속에 있다.

59 깨달음의 경지는 어디까지?

내가 이목구비로 먹을 수 있는 것을 찾고 또 찾 는 것이다.

60 간절한 마음?

내가 심은 씨앗이 잘 자라서 열매 맺기를 바라는 마음.

61 상대를 꿰뚫어볼 수 있는 힘?

기계를 개발한 사람보다 기계를 많이 사용해 본

사람만이 그 기계의 구조와 성능을 자세히 잘 안다.

62 참선이란?
나의 오염됨을 정화하는 것이다.

63 참다운 자유인?
자연과 의리에 맞게 어느 곳에나 잘 적응하는 것이다.

64 업보?
조상의 생업부터 나의 지나온 생업을 되돌아는 것이다.

65 '선'과 '악'의 차이점?
생명의 의리에 맞는 것이 선이고, 의리에 맞지 않는 것이 악이다.

66 사랑의 힘?
고정된 틀을 벗어날 수 있는 힘이 크다.

67 각 종교의 차이점?
나라마다 언어와 문화가 다른 것과 같을 뿐이다.

68 편견을 없애려면?
곡식마다 다른 점이 있지만 인간에게 꼭 필요한 것이며 감사한 것이다.

69 나의 어리석음까지도 보여줄 필요가 있는가?
어리석음으로 아는 체하지 말라는 뜻이 깊다.

70 큰 부자는 하늘이 내리는 것인가?
큰 부자는 뜻이 깊고 크기 때문이고, 그 마음을 버리지 않기 때문이다.

71 선생님께서도 감기 들죠?
감기는 들지만 내 감기를 남한테서 낫기를 바라지는 않는다.

72 행복하게 사는 방법?
나의 삶을 상하로 비교하는 마음을 버려라.

73 '재물의 부자'와 '마음의 부자'와의 차이점?
재물 부자는 행과 물질이 있는 것이고, 마음 부자는 행도 물질도 보이지 않는 것이다.

74 근검절약?
과식과 과한 행동을 하지 않는 것이다.

75 덕을 쌓으려면?

내가 다니는 곳마다 나를 위해 남에게 이익됨을 주고 다녀라.

76 본 태생은 바뀌나요?

내가 태어난 곳은 바꿀 수 없지만 나의 행은 바꿀 수 있는 것이다.

77 포용할 수 있는 힘?

모든 필수품은 나에게 필요한 것이다.

78 조상천도?

조상천도는 나를 반성하는 데 뜻이 깊다고 생각하면 덕을 더 크게 본다.

79 건강을 지키려면?

노여움과 불편한 마음을 버려라.

80 권태기를 슬기롭게 이겨내려면?

권태기는 지루함의 극치다. 개발과 창조 정신이 부족한 탓이다. 작은 것부터 나의 고정관념을 깨뜨려 버려라.

81 자존심?

모든 것을 받아들일 수 있는 마음이다.

82 좋은 아내가 되는 비결?

남편을 때로는 부모처럼, 친구처럼, 자식처럼 보호하고 가꾸어 주어야 한다.

83 지혜로운 엄마가 되려면?

자식에게 바른 정신을 심어주는 마음이 깊어야 한다.

84 남의 도움 없이도 잘 살 수 있나?

게으른 사람은 남을 보호하고 가꾸어주는 마음이 적다. 부지런한 사람은 남을 도와주고 가꾸어 주면서도 잘 산다.

85 노래를 잘 하려면?

그저 많이 듣고 많이 불러라.

86 제자들이 아픈 이유?

마음 공부를 깊이 한 사람일지라도 노여움과 불만이 깊으면 병이 찾아든다.

87 사춘기를 잘 이겨내는 방법?

조급한 마음을 버려야 한다.

88 편안한 마음?
편견을 버리면 편안함이 찾아든다.

89 욕심은 어디까지 욕심인가?
먹고 싶고, 갖고 싶고, 의지하고 싶은 것부터 욕심이고, 과한 것은 악이다.

90 용기 있는 행동?
할 줄 아는 노래를 남 앞에서 두려움을 버리고 노래하는 것도 용기이고, 어리석음을 보여주는 것도 용기이다.

91 어려움을 잘 극복하려면?
고정관념과 선입견을 버리고 현재를 두려워하지 말라.

92 친구?
친구란 나의 정신적인 가족이다.

93 생각을 깊이 하려면?
자신이 맞다고 정한 답을 거듭거듭 의심하는 것이다.

94 성격 개조?

나를 가꾸는 방법을 바꾸는 것이다. 예를 들면 남을 대하는 방법을 바꾸라는 것이다.

95 감상이란?
내가 보고 듣고 닿은 것을 마음속에서 생각으로 활동시켜 보는 것이다.

96 상대를 이해하려면?
해가 되지 않는 음식은 맛이 없어도 먹어 두면 피가 되고 살이 되는 것이다.

97 평상심?
한 번 먹은 마음을 버리지 않는 것이다.

98 사람과 친하려면?
가족이나 일가를 대하듯 하라.

99 '운명'과 '습관'?
내가 밥 먹고 행하고 있는 것이 운명이고 습관이다. 습관을 바꾸지 않으면 운명도 바뀌지 않는다.

100 천당은 있는가?
인간의 몸이 천당이다.

여유를 갖고 기다리는 **마음**으로 깊이 *생각*하라

1 의심없는 믿음이 모든 걸 잃으면 믿음 없는 의심은?
씨앗도 볼 수 없다.

2 대인 관계에 가장 중요한 것은?
목적이 없는 대인 관계는 나의 생각과 말과 행동이 일치하지 못한다.

3 처세의 핵심은?
나의 심성과 정성, 겸손이 핵심이다. 심성은 나의 시작이고 정성은 나의 과정이며 겸손은 나의 결과다.

4 사람을 처음 봤을 때 지켜봐야 할 점은?
평소에 아는 사람일지라도 시작과 과정과 결과

삶을 부지런히 갈고 닦아라

를 시시때때로 지켜볼 것이며 결론을 조급하게
내리지 말아야 한다.

5 사람을 재빨리 파악할 수 있는 바로미터는?
모든 사람의 본심은 몸 밖에 있다. 들은 대로 본
대로 맡은 대로 맛본 대로 닿은 대로가 본심이
다. 내심은 이것을 관찰하여 생각하고 분별하는
정신이다. 정신이 움직일 때 빛과 향과 소리가
수시로 바뀌고 있으며 밖으로 발산하고 있다. 지
켜볼 뿐이어야 한다.

6 야물다는 것은?
생각과 말과 행동과 용기가 일치된 사람이다.

7 사납다는 것은?
두려움에 싸인 강아지는 주인을 보고도 짖어 대
며 웅크린다.

8 마음씀에 따라 몸의 질병이 온다는데 왜?
표정과 감정이 밖으로 나타나지 않을지라도 더
러운 것에 적응하지 못하면 머리가 아프고 구토
가 난다. 노여움과 고민과 근심에 적응을 못하
면 몸부림치며 당황하고 온갖 병을 끌어안는 것
이다.

9 인덕이 많은 사람은 어떤 사람인가?

독심이나 사심을 품지 않는 사람은 자연이 나를 돕는 것이다.

10 옹고집을 만날 땐 어떻게?

불편한 마음으로 사람을 대하면 불행을 면치 못한다.

11 남을 꼭 이용 하는 자, 그래도 남보다 잘 풀리는 건?

바라는 마음이 크면 이용을 당했다고 피해 의식이 깊어질 것이다. 잘 풀리고 있는 사람은 지난 날의 진실된 정성의 결과이다.

12 배신하는 사람과 당하는 사람이 같은 점?

배신한 사람은 앞으로 큰 아픔을 겪을 사람이고, 배신을 당한 사람은 지난날 생각도 못해 본 잘못이 크게 있었던 것이다.

13 얄미우면 지적해 주고 싶은데?

나의 잘못을 찾지 못하는 사람은 타인의 말과 행동이 얄밉게만 보이는 것이다. 정히 지적하고 싶거든 쌍방의 보호 본능을 생각하라.

14 의리는 어디까지?

겨울에 입던 따뜻한 털옷을 여름에도 내가 입고 있었더니 나만 더워지고 불편하더라.

15 모르는 척은 내숭인가, 아량인가?

모르는 척과 아는 척은 같은 척일 뿐이며, 상대의 감정을 기다리는 숨겨둔 마음이다.

16 솔직한 감정 표현은 어리석음인가?

솔직이 본심이라면 감정 표현은 양심이 있어야한다. 양심 없는 감정 표현은 어리석음이다.

17 다혈질의 맹점은?

가지 많은 나무는 쓸모가 많을지라도 바람 잘 날 없다더라.

18 조급한 사람은?

지식과 견문이 아무리 깊을지라도 조급한 사람은 지혜가 부족하여 자신도 모르는 실수를 많이 하고 아픔이 기다린다.

19 소외감을 잘 느끼는 사람은?

나를 발전시킬 용기가 없는 사람이다.

20 지기 싫은 자, 번뇌자인가?

성장 과정과 현재에 만족을 못 느껴본 사람은 지기 싫어하는 근성이 깊다. 이 사람은 나를 다스리는 마음 공부가 필요하다.

21 액면 그대로 믿는 자는 순진한가, 모자란가?

과장이 없는 사람은 자기에게 불필요한 것을 얻으려 하지 않는다. 나에게 필요한 것은 비싸게 샀더라도 크고 깊게 쓰는 것이다.

22 감정이 말릴 땐 어떤 방법이 있나?

나를 숨기는 마음이 깊지 않은 사람은 사사로운 감정에 말리지 않는다.

23 구더기 무서워서 장 못 담그는 자는?

속임수가 깊은 사람은 진실을 두려워한다.

24 일이 잘 풀리지 않는다고 생각할 때에는?

일이 잘 풀리지 않을 때는 평소에 좋아하지 않던 친구라도 만나보고, 영화도 보고, 짧은 여행도 해보면서 일상을 벗어난 여유를 가져보면 나에게 이로운 힌트가 크게 온다.

25 예지력(豫知力)이란 어디까지 알 수 있는 건지?

소심한 사람은 미워하고 싫어하는 정도에 그친다. 용기가 기상하면 삼천 년은 바라 볼 수 있다.

26 '직관'과 '직감'의 차이?

직관은 눈으로 사물을 본 순간 예지하고, 직감은 느낌으로 찰나를 얻어 예지하는 것이다.

27 인간의 근본은 '악'인가, '선'인가?

모든 생명은 악도 선도 아니다. 굳이 선악을 따져본다면 음식과 말과 행동이 이간에게 못된 것과 독이 되는 것은 악이 되는 것이고, 참되고 좋은 것은 선이 되는 것이다.

28 바람직한 어머니는?

실천과 정성과 결과의 정신을 크고 깊게 잘 심어준 어머니이다.

29 모든 것이 변한다면 공(空)은 무엇으로 변할까?

맑은 하늘은 푸르기만 하구나!

30 언행이 일치하지 않는 것을 발견할 땐?

경계와 지적이 필요하다.

31 마음 공부 따로, 평상심 따로 가는 평행선은

어느 시점에 만날까?
내가 서 있는 곳에서 만나겠다.

32 '주관' 과 '객관' 의 차이?
주인과 고객이 마주 앉아 대화하는 것과 같다.

33 만사는 하나로 통한다는데 그 하나는?
사람의 이목구비는 목구멍 한 곳으로 통한다. 자연의 모든 진리는 이목구비를 통해 내 한 몸에서 소화되어 버린다.

34 꿈은 무얼까? 무시할까?
정화되어 가는 나의 영상이다. 그저 느껴 두기만 하는 것이다.

35 스스로 해몽하자면?
모든 꿈은 최신을 다해서 밝고, 맑고, 좋게만 해석해야만 한다.

36 기(氣)를 끌어다 쓰는 자는 특별한가?
학문을 공부하여 교수가 되어 있어도 기를 쌓은 것이요, 식당의 주방장도 기를 쌓은 것을 쓰고 있는 것이다. 기가 귀신처럼 특별하다고 생각하면 볼 것을 못 보게 되는 위험이 있다.

37 지금 사는 모습으로 내생(來生)이 감지되나?

잘 성장한 과일 나무는 고목이 되어 죽기 전까지 좋은 과일을 맺는다. 재목으로 쓰이는 나무가 잘 성장하여 고목이 되어 죽으면 그 몸까지도 쓸모 있는 재목으로 남는다.

38 초간으로 변하는 마음, 어디 가서 잡나?

만 가지의 물질을 갖는다 해도 하나부터 취하는 것이다.

39 탐, 진, 치에 물들지 않는 자는 과연 존재하나?

먹고, 움직이고 헤쳐 나가는 마음은 그 누구나 같지만 내 삶의 평생을 하루에 다 가질 수는 없는 것이다.

40 조상 공덕(제사 등)이란?

가까운 조상이 덕을 크고 깊게 쌓은 자손은 삼대 까지 그 덕을 보고 있다가 조상과 같은 큰 덕을 쌓지 못하면 빈곤해져 버린다. 그 결과를 주위에 서 살펴보면 덕을 쌓지도 않았는데도 잘 살고 있는 사람의 조상 이야기를 들어 보면 틀림이 없다. 제사는 인간이 만들었지만 그 정신을 깊게 살펴보면 귀신의 영향권이 아니다. 조상과 부모님의 덕을 입은 존경심을 깊이 감사함을 잊지 않으며, 그 정신을 후손에게도 가르침의 뜻이 깊은 것이다. 미신이라고 하는 것은 맛도 못 볼 것이지만, 제사라고 하는 것은 이미 자손은 조상의 영향을 받았음을 증명하는 것이니 미신이라 말할 수 없는 것이다. 각 종교의 깊은 의미로 따져 보아도 모든 경문은 이렇게 말하고 있다. 나의 어버이를 공경하고 존중하지 못하는 사람은 종교를 가질 자격이 없다 하였다. 여기서 어버이라 함은 조상과 부모, 부부까지도 어버이로 보아야만 한다고 천명한다.

41 공 드린다는 것, 효험 있나?
공 드림은 믿음과 기도가 함께 하는 것이다. 종교가 없을지라도 나의 소원을 믿고 깊이 기도함으로써 생각이 많아져서 바른 실천이 이루어지고 그 덕을 크게 보는 것이다. 단 요행을 바라는 마음으로 공을 드린다면 불행이 기다리고 있다.

42 가정집에 호랑이 그림, 가죽 있으면 안 좋다는 말은?
그림의 떡을 먹을 수 없다면 이 또한 그림과 물질일 뿐이다.

43 사후 영혼은 어디로 갈까?

이전에도 극락과 천국이고 현재도 사후에도 극락과 천국이다. 현재를 잘 배우지 못하면 다음 오는 극락과 천국에서도 고생만 죽어라도 해야 한다.

44 사주팔자는 어디까지 믿을까?

이목구비가 네 가지의 주인이고, 나의 정신이 동서남북을 가리키며, 사주팔자를 지혜롭게 가꾸어 가는 것이다.

45 점(占)보는 것은?

내 정신을 남에게 맡긴다면 혼돈이 와서 정신을 못 차리고, 발전은 흩어진다. 단 견문과 지식이 풍부하고 지혜로운 사람을 찾아가서 상담은 할 수 있다.

46 분노의 치유는 어떻게?

분노는 나의 어리석음이 만든다. 그 누구를 탓하기 전에 나를 반성하고 다시는 어리석지 않을 것을 참회하라. 참회는 내가 잘했다고 하는 것을 의심하고 의심해 보고 또 의심하여 반성하는 것이다.

47 굶주린 마음은 왜 생길까?

봄에 씨앗을 심지 않았다면 가을에 거두어들일 곡식이 없는 것이다.

48 덤덤한 관계가 가장 바람직한 관계?
과욕이 없는 사람은 흔들리는 관계를 맺지 않는다.

49 약속에 매달리는 것, 소심한 탓인가?
내가 심지 않은 씨앗은 내 것이 아니고, 얻어 먹은 것이니 약속도 아니다.

50 귀 얇은 사람은?
귀가 얇은 사람은 과장된 것을 얻으려는 사람이다.

51 초조로운 두려움은 어디서?
이루어지지 않을 것을 이루어질까 두려워하는 것이다.

52 '시샘'과 '질투'가 솟아오를 때?
시샘과 질투는 남의 마음을 도둑질하는 마음이다. 도둑은 소원이 소멸된다.

53 자신감의 결여는?

잘난 척은 자신감을 잃기 마련이며, 결여는 내가 할 일을 남이 해 주길 바랐기 때문이다.

54 낙천적이란 도피인가?

나의 아픔을 이해시키고 스스로가 달래주는 것이다.

55 '유(柔)'가 '강(剛)'을 이기는 이치?

강과 유는 공존하는 것이다. 지혜로움을 발산하라.

56 남의 기쁨을 진정 기뻐할까?

내가 즐거워 보지 못한 사람은 남의 기쁨을 비웃는 것이다.

57 남의 불행에 자신을 대비해 감사하고 행복해하는 것?

남과 나를 상하 비교하지 말라. 나만큼 행복하고 나만큼 힘들 뿐이다.

58 얌전하고 착하다는 것, 인간의 위선인가?

얌전하고 착함은 성장하는 아이에게만 필요한 단어이다. 나이가 먹어서도 얌전과 착함만 즐긴다면 어리석은 존재다.

59 '감언이설'인지, '진실'인지 포착하는 방법은?

조급한 마음은 그 어느 쪽도 포착을 못한다. 여유를 갖고 기다리는 마음으로 깊이 생각하라.

60 '착시'와 '환상'은 어떤 것?

누구에게나 인간이라면 착시와 환상이 있는 것이다. 깊이 보고 깊이 생각하는 마음을 길러내야 한다.

61 진정한 애처가란?

아내를 자식 대하듯 부모 대하듯 하는 것이다. 부부는 서로가 양보하는 마음이 있어야 하고 의지하고 보호하는 마음이 깊어야 한다.

62 '말 없음'과 '말 많음'은?

옛말에 이르기를 말이 많으면 쓸 말이 적고, 말이 없으면 꿀 먹은 벙어리라 하였다.

63 명분 찾기 좋아하는 마음은 왜?

나 자신만 이익을 보려는 마음이 깊고 남을 배척하는 마음이 깊다. 단 현명한 사람은 남과 나를 보호하려는 마음이 깊기 때문이다.

64 '착함'과 '착한 척'의 한계는?

착함은 발전과 배움의 의미가 깊고 착한 척은 남을 해롭게 하고 나는 골병드는 것이다.

65 선문답의 필요성은?
서로가 깊어지는 공부의 의미가 깊다.

66 꿈자리가 사나울 땐 어떤 처치가 필요한가?
꿈자리가 사나울 때는 나의 엉클어진 정신을 바로 세우라는 예시이다.

67 바로 보기란?
선입견을 버리고 보아두는 것이다.

68 바로 듣기란?
고정관념을 버리고 들어두는 것이다.

69 바로 인식할 수 있는 힘은?
보아두고 들어두고 느낀 것을 생각, 생각해 두었을 때 바로 인식할 수 있는 것이다.

70 허전한 마음은 왜 생기나?
이목구비로 먹고 싶은 것을 제대로 먹지 못했으면 허기가 진 것이다.

71 공짜는 없다?
공짜를 좋아하면 모아둔 재산도 소멸되는 것이다.

72 설득력의 부족은 왜?
내가 부족하기 때문이다.

73 용서는 남을게 없을 때까지 되나?
용서는 종이 위의 글로 보고 마는 것이다.

74 불생불멸(不生不滅)의 이치는?
억만 번을 죽어도 생명은 또 생명으로 탄생한다.

75 응무소주 이생기심(應無所住 而生其心)은 어떤 때 일어날까?
그 무엇도 나를 중심으로 생각하고 좋고 나쁨을 가지는 것이다.

76 번뇌가 없으면 무슨 재미?
번뇌란 억울하고 분하고 피해의식과 도피의식에만 쌓여 있는 것이다.

77 아름다운 관계란?
서로가 불평 불만을 버려 가며 발전하는 것이다.

78 아름다운 사람이란?

남을 기쁘게 하고 나는 즐거워지는 것이다.

79 분별은 필요악?

분별심은 정화하는 과정이다. 분별력이 없으면 지혜롭지 못한 것이다.

80 비만은 체질인가? 업인가? 무의지인가?

비만은 기쁨을 아끼지 못하고 건강과 장수를 멍들게 하는 것이다.

81 피해 의식이 버려지지 않을 땐?

피해 의식을 버리지 못하는 사람은 아만이 꽉 차 있는 사람이다.

82 계산된 베품은?

계산된 베품은 과장된 덕이라고 볼 수 있지만 정직하다면 이 또한 베품의 덕을 쌓는 것이다.

83 '맑고 탁하다' 함은?

맑은 것은 거짓됨이 없는 것이고, 탁하다는 것은 거짓되고 사나운 것이다.

84 '고정관념'과 '선입감'의 차이는?

고정관념은 정해진 탁자이고, 선입감은 먹어 보지 못한 음식이다.

85 오기가 때론 필요한가?
오기는 사나운 것이고, 용기는 지혜의 힘이다.

86 '회광반조(廻光返照)하여 나를 본다' 함은?
나의 과거와 현재를 밭에 심어 있는 곡식을 보듯 하여 나를 잘 살피고 잘 가꾸라는 뜻이 깊다.

87 관(觀)하여 주인공을 찾으라 하면?
나는 이 세상에 주인공이니 나를 업신여기지 말라는 뜻이 깊다.

88 꼭 주연만 하고자 할 때는?
주연만 하려고 하는 사람을 눈 흘기지 말고 내가 정직한 주연을 맡아 보아라.

89 홀로 서는 자세는?
내가 남을 의지하려 하지 말고 남이 나를 의지하도록 연구 · 노력하여 실천하고 선구자가 되어라.

90 방향을 설정할 땐 어떤 기준에 의해?
기준이 나이고, 내가 적응할 수 있는 곳에 설정

하여라.

91 이해 관계가 얽히면 변하는 속성은?

음식도 조리가 된 것은 빨리 먹어야 부패가 안된다. 조리된 음식을 먹지 않고 변하지 않기를 바라지 말라.

92 외로워질 땐?

혼자 있을 때일수록 창조와 개발 능력이 솟구치는 것이다. 좋은 힌트가 떠오를 때까지 더 깊이 생각하라.

93 '묵상', '명상', '좌선'은 모두 같은 말인가?

묵상은 한 우물을 파는 것이고, 명상은 삶을 밝고 맑게 보는 것이며, 좌선은 고통을 이해로 바꾸는 것이다.

94 천지가 붙어 버릴 듯한 슬픔일 땐?

천지가 붙을 때는 아기가 탄생하는 것이다.

95 한없는 그리움으로 눈물이 날 땐?

울고 나면 마음이 맑아진다.

96 다 소화해 내는 단 하나의 벗을 원할 땐?

나는 이목구비를 통해 모든 것을 소화해 내는 능력이 있다. 능력을 산출하여 필요 이상은 버려라.

97 악연이라 생각될 땐?

악연 또한 내가 만든 죄가 큰 것이다.

98 안 풀리는 대화를 부드럽게 끌어내는 방법은?

성급함을 버리고 기다림의 여유를 갖고 깊이 생각해 보라.

99 기회를 알고 잡을 수 있는 법?

내가 생각하고 정하는 것이 기회이다 정한 것을 가꾸는 것이 앎이고 열매 맺음을 볼 수 있는 것이다.

100 이 모두가 말장난이런가?

지식과 견문이 깊을지라도 실천이 없는 자는 말장난이고, 실천이 있는 자는 진수성찬이다……. 작아 보이고 크게 보임을 두려워 말라. 모든 것이 나만큼인 것이다.

썩은 콩을 믿고 심는다고 싹이 나겠는가!

1 손님이 다시 찾을 수 있도록 입력시키는 방법?

나에게 능력이 있으면 그저 손님이 찾아올 뿐이다. 욕심이 나를 과대평가하여 나를 오염시킨다.

2 새 손님 소개받는 요령?

오직 정직, 진실뿐이어야 한다.

3 처음 온 손님이 계속 올 것인지, 말 것인지 알 수 있는 방법?

오줌은 마려운지, 안 마려운지 저절로 아는 것이다. 빨리 알게 되길 바라지 말라. 시간이 흐르면 알게 된다.

4 손님들한테 관심은 어디까지?

손님의 웃음 소리까지 신경을 써보면 깊이 알 수

있는 능력이 발생한다.

5 몇 번 온 손님이 제자 되는 걸 물을 때?

인연이 있다면 제자가 되겠지.

6 영혼의 존재?

빛과 향기다. 우주 만물의 이름을 사람이 이름 붙여 지어 놓고 지혜롭게 쓴다.

7 천도제?

사람이 만들어 규정해 놓고 믿음을 강행하는 것 이다. 이 또한 마음이 정화되기도 한다.

8 손님들이 먹은 음식을 알아낼 수 있는 방법?

방법을 알면 실수가 많다. 맑은 직관으로만 느끼 는 것이며 향기나 빛깔로 알 수 있다. 때를 기다 려라.

9 남편 존경하는 부인의 특징?

처음 보는 나에게도 존경심을 보인다. 또 이유 없이 공경스럽다.

10 남편한테 사랑 받는 부인의 특징?

잘난 척보다는 자신감을 느끼며 활발하게 보인

다. 또 왠지 미워도 잘 해주고 싶다.

11 정직한 사람?

가식을 버리고 사랑을 가꾸어 가며 배움을 게을리하지 않고 믿음을 보여주는 것.

12 진실이 무얼까?

남을 어지럽히지 않는 것이다. 진실은 남을 기쁘게 하고 나는 즐거워지는 것이 진실이다.

13 친한 사람한테 지적할 수 있는 용기?

지적은 생각을 교환하는 것이다. 아픔을 두려워 말라. 용기가 생길 것이다.

14 전과자의 개과천선?

어제는 범죄자요, 오늘은 학자가 되어 있다면, 또 선구자가 되어 있다면 개과천선이다.

15 배신?

할 일도 못했다면 자신을 배신한 것이다.

16 거절하지 못하는 마음?

어리석어서도 못하고, 좋아서도 못한다. 모든 것을 보아두고, 들어두고, 닿아두어라. 지혜의 문이 열릴 것이다.

17 사람을 꿰뚫어보는 능력?
아는 것이 많으면 남의 글을 읽고 그 의미를 안
다. 나를 알면 나를 안 만큼 남도 볼 수 있다.

18 바보스러운 만큼 남 탓하지 않는 사람?
남의 것은 나의 똥도 아니다.

19 툭하면 눈물 흘리는 사람의 마음 상태?
눈물을 흘려서 동정을 받으려는 마음. 그리고 눈
물로 사랑을 동냥하는 마음. 외로움이 과했을 때
나오는 눈물이기도 하다.

20 감격?
아! 어찌할꼬.

21 큰 감동?
좋다 못해 어지럽구나.

22 진정한 보답의 길?
안아주었다고 뽀뽀해 주더라. 아기가…….

23 한 여자가 한 남자만 끝까지 사랑하려면?

그 어떤 고통이 올지라도 변치 않고, 기쁨과 즐거움을 창조하는 마음을 가져야 한다.

24 '잘'과 '잘못'?
머리를 잘 가꾸었더니 잘했다 하고, 머리를 쑥대머리로 했더니 잘못 했다 하더라.

25 평상시 색깔 있는 안경을 쓰는 사람?
그 사람의 기분이다.

26 계절에 비해 앞서는 옷차림?
그 사람의 권력이다.

27 생활 설계사가 봉사용품을 계속 놓고 가면?
받아도 좋고 안 받아도 좋다. 부담 갖지 말라.

28 사사건건 의지하려는 손님?
옷도 벗겨주고 밥도 먹여줄 준비가 안 되어 있거든 의지를 버리도록 설득하라.

29 약사여래 부처님 앞에서 기도하면?
기도하면 낫는다고 믿는 사람만 낫는다. 100년 뒤에라도…….

30 그냥 집에서 혼자 기도하면?

믿음과 기도의 힘은 정화이다. 좋은 인연을 이끄는 자력의 힘이 커 간다.

31 먹었는데도 살이 빠지는 날이 정말 있나요?

몸의 기능이 좋아질 때이다.

32 안 먹었는데도 살이 찌는 날이 정말 있나요?

흔한 것은 아니지만 몸의 이상이 있을 때.

33 얼굴을 작게 하려면?

얼굴에 살이 많다면 살을 빼줄 수 있다.

34 불만은 없지만 열심히 오는 데도 차도가 없으면?

내 능력이 부족하거나 손님에게도 분명히 문제가 있다.

35 '옥'과 '백반석'의 효과?

모든 것은 좋은 효과가 없는 것이 없으며 나쁜 효과가 없는 것이 없다. 지혜롭게 써야 한다.

36 숯의 효과?

숯은 살균, 정화의 능력이 있다.

37 체중 감량에 성공했을 때 건강상의 효과는 어디까지 있습니까?

첫째, 정신이 맑아지고, 둘째, 모든 기관이 정상화되고 수축력이 좋아지며, 셋째, 행복이 찾아든다.

38 아집에도 장점이 있습니까?

우물 안에 빠진 개구리는 수영만 잘하더라.

39 말을 줄이라 하시어 그러다 보니 막상 '예, 아니오' 밖에 할 말이 없습니다. 대화에 성의가 없어 보일까 염려도 되는데 쓸데없는 걱정일까요?

남이 말할 기회를 주지 않는 것은 자기 자신이 잘났다고 자랑하는 미숙함이 있기 때문이다.

40 고요함을 얻었을 때 생기는 가장 큰 능력은 무엇입니까?

생각부터 모든 행은 이러하다. 바가지에 물을 가득 채워 들고 뛰어보고, 조용히 걸어보아라. 고요함의 진리를 깨닫게 된다.

41 또한 그 힘은 어떻게 쓰는 것이 좋습니까?

가벼운 것도 부드러운 것도 움직일 때, 고요함의

지나침은 순리를 어긴 것이다.

42 엄밀히 말하자면 정직과 교만이 같다고 하셨는데, 제대로 알아듣지 못하겠습니다.

스스로 정직하다고 많이 알고 있다고 강조한다면 그 또한 잘난 체하는 어리석음과 같다는 뜻이었다.

43 '세월이 약이다' 라는 말은 무조건 참아라, 기다려라……, 그런 뜻만은 아닌 것 같은데 근본을 말씀해 주십시오.

씨앗을 심었으면 세월이 흘러야만 새싹이 돋고 성장하여 열매를 맺는다는 의미가 깊다.

44 어떤 사람을 도와줬는데 그 사람에게 감정 상할 일이 있었습니다. 그래서 무척이나 미워했는데 도와준 덕도 아예 없어지는 것인가요?

맛있는 음식을 먹고 구토했다면 처음부터 아예 음식을 먹지 않았음보다 못하다.

45 '안녕하세요' 라는 인사 한마디에 들어 있는 모든 행을 말씀해 주십시오.

모든 과일이 익었을지라도 그 맛과 향이 다른 것

과 같다.

46 제게 오시는 손님의 인생을 풀어낼 수 있는 가장 좋은 방법을 알고 싶습니다.
길을 물어서 모르거든 아는 길을 가르쳐 드려라.

47 아기가 생기지 않는 사람에게 부족한 정신은 무엇입니까?
남의 아이를 키워주는 마음가짐은 더 큰 어머니이다.

48 이 세상에서 가장 좋은 생각은 무엇입니까?
나를 버리지 않고 남을 버리지 않는 마음가짐.

49 살 빼주는 기술이 전혀 없는 손님도 '내 팔에 살이 빠지고 있다'고 믿을 수만 있다면 효과를 볼 수 있을까요?
썩은 콩을 믿고 심는다고 싹이 나겠는가!

50 부모님이나 스승님께 무조건 '예, 예' 하는 사람은 어떤 실수를 할 위험이 있습니까?
이러지도 저러지도 못하는 실수를 한다.

51 밥을 사주는 사람보다 얻어먹는 사람이 더

마음이 넓은 거란 말씀을 쉽게 다시 한 번 해주십시오.

밥을 먹어준 것만으로도 마음이 넓어진 것이다.

52 마음이 힘을 움직이고 힘이 물질을 움직인다고 하셨습니다. 그 간단한 예를 들어주십시오.

일어서겠다는 생각은 이미 힘이 모아진 것이고 일어 설 때 힘에 의해 육신은 움직여지는 것이다.

53 의자 만드는 일에서 '진리'는 무엇이고, '이치'는 무엇입니까?

사람이 의자에 앉았을 때 불편이 없어야 하는 것이 진리이고, 이치는 의자를 불편함이 없도록 만들어야 하는 것이다.

54 인체에서 본 따 만들어 쓰고 있는 물질 중 가장 훌륭하게 쓰이고 있는 것들은 어떤 것입니까?

지게, 카메라, 몽키, 벤치, 좌변기, 전기선, 컴퓨터, 수저 등 기계의 모든 부품까지이다.

55 순리에 대해 그 누가 들어도 '아' 할 수 있게끔 말씀해 주세요.

목적지를 갈 때 지치지 않게 걷고, 뛰고, 쉬어 가

는 것이 순리이다. 무리하게 달려가다 지쳐서 쓰러지는 것은 순리를 어긴 것이다.

56 사람이 행복해지는 진리는 어디에 있습니까?
자연이 흐르는 동서남북에 행복이 있고 그것을 배우고 익혀서 깊게 쓰고 만족할 때 복을 받는 것이다.

57 아들과 딸은 주고자 하는 마음과 받고자 하는 마음에서 정해진다고 하셨는데요, 왜 그렇습니까?
풍선에 공기를 불어도 입 밖에서 공이 되고, 풍선을 입에 대고 공기를 입 안으로 빨아들이면 입 안에서 공이 되는 이치와 같다.

58 부모님을 모시는 자식은 조건 없이 잘 살게 된다는 진리를 말씀해 주십시오.
나무뿌리에 거름이 없으면 나무가 잘 자라지 못함과 같고, 타인에게 잘못한 것 또한 나뭇잎이 오염되는 것과 같다.

59 '규정'이 가장 잘 통하는 예를 하나 들어주세요.
물은 입으로 삼켜야 목구멍으로 넘어간다.

60 스승님이나 일조원 제자들이 오히려 젊어지는 가장 큰 원인은 무엇입니까?

바람을 끊임없이 맞고 있는 나무는 건강하게 오래 잘 자라고, 바람을 맞지 않는 나무는 빨리 고목이 되어 죽는다.

61 선생님은 왜, 어떻게 고민을 안 하실 수 있습니까?

전기가 나갔으면 촛불이라도 밝히려는 마음이 있기 때문이다.

62 저희는 섭우가 완전한 정상인이 되었다고 봅니다. 그러나 그 언젠가처럼 선생님 곁을 떠나면 그때처럼 다시 틱장애가 생길 수도 있습니까?

장애인이 정상인이 되어 신체검사에서 1급으로 합격해 2006년 3월, 군입대 이후 건강하게 무사히 군복무를 마칠 수 있을 것이다.

63 그 누군가가 죽을 줄 아시면서, 이혼할 걸 아시면서 안 죽는다, 안 한다 단호히 말씀하실 수 있는 중심은 어디서 나옵니까?

언제나 기적이라는 희망이 있기 때문이다.

64 많이 먹으면 당연히 살이 찔 수밖에 없다고 강조하시지만 그래도 통할 수 있는 일조원 기술을 연구하고 계시질 않습니까?

근본적으로 모든 장기에 수축력이 부족하면 음식을 많이 요구하고 살이 찐다. 수축력이 강해지면 많이 먹을지라도 살이 빠진다. 수축력 강화법은 이미 개발되어 있다.

65 선생님께서 진정 두려워하시는 것은 무엇입니까?

나 자신의 능력을 제자가 배워서 나쁜 곳에 쓸까봐 두려워할 때가 있다.

66 겨드랑이 암내 제거는 우리 기술로 영원히 불가능합니까?

현대의학이 개발을 쉬지 않듯이 나 또한 연구를 쉬지 않겠다.

67 스승님께서 저를 지켜보신 바 제가 버려야 할 단점은 무엇입니까?

문명인이라면 세수를 아침, 저녁으로 두 번을 하고도 얼굴에 때가 묻었을 때는 수시로 때를 닦아내듯이 너의 마음을 식사 전마다 뒤돌아 보아라.

68 사람의 나쁜 점(단점)을 버리는 것입니까?
안 쓰는 것입니까?

일이 즐거우면 쉬는 것도 잊어 버리더라.

69 욕심과 목표를 확실히 할 수 있는 기준을 말
씀해 주십시오.

한 남자를 잘 섬기고자 하는 것은 목표이고 열
남자를 가져보고자 한다면 욕심이다. 한 가지 하
고자 하는 일을 잘 해내겠다는 마음가짐은 목표
이고, 여러 가지 일을 이것저것 두서없이 해보려
는 마음은 욕심이다.

70 선생님께서는 지적은 단호하게 하시지만 확
인을 잘 안 하시는 걸로 느껴집니다. 믿음으
로 해석해도 되겠습니까?

모든 동물은 먹이가 눈앞에 있으면 맴돌다가 배
가 고플 때만 잡아먹는 것이다. 자신의 잘못을
잘못이라고 두려워하지 않는 사람은 때려주면
서 지적할 지라도 받아들이지 않기 때문이다.

71 아니면 또 다른 방법(의미)으로 제자를 공
부시키는 것입니까?

구구단을 속으로 외우고 있을 때 잘 외우고 있는
지 여부를 확인만 한다면 암기가 더디게 된다.

72 선생님께서도 이 일을 하시는 동안 많이 힘 드실 때가 있었다면 어떻게 극복하셨는지요.
맛이 없다고 수저를 놓으면 배가 고프더라.

73 이가 없으면 잇몸으로 밥을 먹을 수 있지만 손발이 없으면 남에게 업혀 다녀야 하는데 저는 손발이 없음을 깨달아야 한다고 하셨습니다. 7년 전 그 말씀을 들었을 때도 저는 그 사실을 전혀 알 수 없었습니다. 지금 저는 손발이 없음을 어느 정도까지 깨달았는지 여쭙고 싶습니다.
해놓은 일도 없고 할 일도 없는 사람은 IQ가 아무리 높을지라도 손발이 없는 것과 같다. 할 일이 많아졌으니 남의 손발이 되어주어라.

74 음식으로 말하면 정은 맛이라 하셨습니다. 예를 하나 들어주십시오.
맛없는 음식을 또 먹으라 하면 먹겠는가? 인사성이 없고 인색한 사람은 보기 싫더라.

75 바라봄의 법칙에 준하여 볼 때 중환자는 어떻게 대하는 것이 큰 효과를 보겠습니까?
걱정하는 눈빛으로 바라보기보다는 안정과 희망을 주는 눈빛으로 바라본다면 아주 큰 효과가 있다.

76 자연이 도와주어야 복을 받을 수 있는 진리를 말씀해 주세요.

논과 밭에 곡식을 심으면 자연은 결코 외면하지 않는다. 이처럼 나의 생각과 마음가짐이 올바르다면 올바른 대로 자연은 돕고 또 돕는다.

77 물은 생명이며 치유는 맑음이 있어야 된다고 하셨습니다. 제자들과 손님들은 그 말씀을 어떻게 빨리 알아들어야 비만과 건강에 도움을 받겠습니까?

흐르지 않고 고여 있는 물은 썩기 마련이다. 따라서 사람은 물을 자주 잘 마시는 것이 건강하고, 과식은 흐름을 막는 위험을 초래한다.

78 모든 힘과 능력은 나무처럼 자란다고 하셨는데요. 제 생각에 대부분의 사람들이 단점도 힘과 능력임을 잘 모르는 것 같습니다. 그렇다면 큰일이지 않습니까?

미숙하다는 것은 덜 자란 새싹과 같다. 가꾸도록 일러주어라.

79 스승님께 배운 기술을 쓰다 보면 '도대체 이

런 걸 어떻게 알아내셨을까…….' '나 같으면 아무리 제자라도 그렇게 쉽게 안 가르쳐 줄 텐데……' 하는 생각이 듭니다. 이런 제 마음은 욕심입니까? 소중함입니까?

유명가수는 자신의 노래를 세계 사람들이 부르기를 원하고, 노래를 듣고 배우는 사람은 자기 혼자 잘 부르기만을 원하는 것과 같다.

80 내 자식을 잘 길렀다 해도 남의 자식의 부족함을 탓하는 사람에겐 어떤 불행이 있습니까?

돈을 두고도 약을 얻지 못하는 결과와 같은 일을 보고 또 본다.

81 돈이 없어 가난하다면 어떠한 덕을 못 쌓은 것입니까?

농사 일만 배운 사람은 농부이고, 학문을 많이 한 사람은 학자일 뿐이다.

82 남편 흉을 잘 보는 부인에게 '콩 심은데 콩 나고 팥 심은데 팥 난다' 는 말씀을 적용하신다면 어떤 말씀이 나올까요?

시집을 잘못 갔다고 하겠구나. 그림을 그릴 줄 모르는 사람은 좋은 그림을 보아도 평가를 잘못 하는 것이다.

83 제 손님 중 어떤 분을 말씀드렸을 때 대뜸 과격한 부분이 있다고 하셨습니다. 어떻게 아셨습니까?

잘못을 인정 안 하는 부분 때문이었다. 낚시는 잘 하는데 고기가 너무 커서 낚싯줄이 끊어졌다고 하면 낚시를 못하는 사람이다.

84 도저히 참을 수 없는 일을 참아내는 스승님의 힘은 어디에 있습니까?

운동을 많이 한 사람은 웬만큼 힘들어도 잘 견뎌낸다.

85 제 손금이 앞으로 변해야 된다고 오래 전에 말씀하셨습니다. 지금쯤 변해지고 있는지 봐주십시오.

기분 나쁜 인상이 기분이 좋으면 밝아지는 것과 같다. 올바른 마음이 깊었다면 너의 손금은 변해 있을 것이다.

86 화초와 강아지에게 관심이 많은 사람이 오히려 사람하고는 정을 붙이지 못한다는 말을 들었습니다. 그럴 수도 있을까요?

산을 좋아하는 사람은 산길을 잘 알아도 물길은 잘 모르는 것이다.

87 동생이 도둑질한 사실을 알았을 때 형의 진실된 마음은 어떻게 처리할까요?

그 물건을 도둑질했음은 스스로가 주인에게 밝히고 그 어리석음은 깨닫게 해주는 것이 진실된 도리이다.

88 버티는 것은 참고 견디는 것에 불과할 뿐 정신 집중이 안 된다고 하셨습니다. 정신 집중을 한 마디로 정신이 확 깰 정도로 말씀해 주세요.

똥통에 빠졌다가 냄새가 다 빠질 때까지 목욕을 해라. 진정한 정신 집중이 된다.

89 '3년 뒤에 아니 5년 뒤라도 알아들을 수 있다면 너는 사람이다.' 그 소릴 한두 번 들은 게 아닙니다. 그때는 차라리 말씀이나 하시지 말지, 왜 그렇게까지 사람을 무시할까 불만이 많았습니다. 헌데 세월이 조금 흐른 지금 정말로 5년 전 말씀이 새롭게 와 닿습니다. 아무리 열심히 해도 지금 알아듣지 못한다는 걸 뻔히 아시면서 열심히 말씀하시는 선생님 강의를 듣다 보면 아련히 서글픔인 듯 답답함인 듯 그런 감정이 생깁니다. 무슨 마음일까요?

초목의 열매는 일 년 만에 얻고, 과일의 열매는 3~5년 안에 얻게 된다. 생각의 씨가 하루아침에 결과를 얻는 것이 아니다.

90 누군가가 물었을 때 대답은 생명같이 해야 하고 생명같이 들어야 한다는 말씀은 너무 어렵고 무겁습니다. 그리고 아는 것이 많아야 그럴 수 있을 것 같은 부담이 있습니다. 제 생각엔 어떤 장애가 있습니까?

말은 씨앗을 전하는 것과 같다. 그러므로 말 또한 생명인 것이다.

91 그리고 그렇게 여기지 않는다면 자신을 다친다고 하셨는데 어떤 일이 생길까요?

말을 막 하거나 진실된 소리를 함부로 해석하는 것은 살생하는 것과 다를 바가 없다. 감각이 쇠퇴되는 벌을 받게 되는 것이다.

92 대답 중에서 '보는 대답'과 '닿는 대답'을 구분하여 설명해 주십시오.

'해 보아라'는 보는 대답이고, '그만 두어라'는 닿는 대답이다.

93 심성의 정확한 개념을 말씀해 주세요.

인사성, 활동성, 침착성, 민감성, 정직성, 긴장성, 성실성, 충실성, 진실성 등은 곧 심성이고, 이를 잘 가꾸었을 때는 인격을 갖추었다 하는 것이다.

94 심성과 습성을 무게나 힘으로 나타낼 수 있다면 어느 것이 더 큽니까?

심성은 정화된 맑은 물이라면, 습성은 오염된 물로 보아도 과언은 아니다.

95 지식이 풍부하나 심성이 송충이라면 어떤 스타일로 일처리를 할까요?

송충이는 거목을 쓰러트리고도 철새의 먹이밖에 되지 않는다.

96 7년 이상 한 가지 일에 종사한 사람은 건들지(무시하지) 말라 하셨습니다. 선생님께서 전달하고자 하시는 그 뜻은 무엇입니까?

말이 필요 없는 힘이 저장되어 있다. 그 힘은 그들만이 가지고 있는 무기와 방패이다.

97 목적이 없는 공력을 쌓는 것은 모래성을 쌓는 것이라 하셨는데 쉽게 무너진다는 뜻인지 더 큰 의미가 있는지 궁금합니다.

힘을 조절할 수 없는 기계를 만든 것과 같다.

98 어떠한 효과 때문에 선배를 의도적으로 무시했다면 '선'은 무엇이고, '악'은 무엇입니까?
약자를 돕는 것은 선이고, 강자를 돕는 것은 악이다.

99 지식, 견문, 상식, 기술 등보다 더 중요한 것은?
인성이다. 인성은 목적을 불러 지혜를 모아 성공을 이룬다.

100 2년 전 생리가 끊어진 사람이 일조원에 와서 다시 시작했습니다. 제자의 기술과 손님의 마음 중 어느 영향이 더 큽니까?
자연이 외면하지 않고 도와준 것이다.

1 인생의 목적은 무엇입니까?
생명 보존.

2 어떻게 사는 것이 잘 사는 것입니까?
나를 욕되지 않게 보존했을 때.

3 수양이란 무엇이며, 무엇을 위해 하는 것입니까?
수양이란 능력을 향상시키는 것이고 건강을 위해 수련하는 것이다.

4 사람의 운명은 무엇으로 알 수 있나?
자아의 실천.

5 꿈과 희망은?

목적이 있는 사람은 기쁨이 보인다.

6 마음을 본다는 것은?
내 느낌을 알 때.

7 진정한 즐거움이란?
가식을 버리고 기쁨을 얻었을 때.

8 '사치'와 '허영심'은?
지식은 있고 실천이 없을 때 사치이고, 모르는 것을 아는 척할 때 허영심이다.

9 깨달음이란?
어두운 밤에 불을 켜 보는 것은 깨달음이다.

10 무기력함은 왜 오며, 어떻게 벗어날 수 있나?
실천이 부족하면 무기력이요, 실천을 앞장 서면 벗어나는 것이다.

11 행운이라는 것은 세상에 존재하는 것입니까?
목적이 정해진 사람은 행운이 존재하고 있다.

12 명상이란?
어리석음을 버리고 참된 것을 찾는 수련.

13 공력이란?
태권도를 십 년간 훈련했다면 태권도 공력이 되는 것이다.

14 의지하는 마음은?
내가 모르는 것을 남에게 묻는 것.

15 자신을 더 잘 알려면?
자신의 정신력을 정화하라.

16 기다림에 희망은?
소식이 왔을 때.

17 변화에 필요한 것은?
도구를 찾아라.

18 매사에 의미를 둔다는 것?
이름 지어주어라.

19 사랑하는 사람에게 남겨줄 것은?
잊지 못할 정(情).

20 자기 복은 자기가 타고 난다는데?
자기가 좋은 소리를 들은 만큼 실천하는 것이 복

이다.

21 인간적 완성은?
사람이 사람에게 버림받지 않는 것.

22 한결 같은 마음은?
가족을 사랑하는 마음을 버리지 말라.

23 마음을 비운다는 것은 어떤 것을 의미하나?
가족의 잘못을 용서하고 최선을 다하라(남의 잘 못을 용서하는 것이 마음을 바꾸는 것이다).

24 정이란?
잊지 못할 기쁨과 좋은 추억.

25 배신이란?
욕심을 버리지 못한 것.

26 '진실'과 '진심'의 차이는?
진실은 참된 것을 실천하는 것이고, 진심은 참된 것을 생각하여 버리지 않는 것.

27 자존심이란?
자기 존재를 지킬 줄 아는 마음.

28 스트레스 해소법은?
달걀로만 목욕하면 스트레스가 해소된다.

29 완벽주의란?
자신의 어리석음을 찾지 못하는 마음(완벽은 없는 것이다).

30 지나친 관심은 어떤 결과를 가져오나?
물독에 물이 넘치는 것과 같다.

31 수조원에서 왜 일조원으로 바꿨나?
밝음을 더 보고 싶어서.

32 눈물이 나는 이유는?
어려움이 많았겠지.

33 인간답게 사는 것?
용서하고 수용하는 마음을 깊이 가져라.

34 나는 누구입니까?
세상에 이름이 남지 않는다면 그 누구인지도 모른다.

35 영생을 얻는다는 것은 무엇입니까?

내 이름이 천 년 만 년 지구상에 남아 있다면.

36 수명은 신에 의해 정해져 있습니까?
자기 실천에 정해져 있다.

37 진리의 길이란?
그 누구라도 음식을 먹지 않는다면 죽는다는 것
또한 진리이다.

38 참이란 무엇입니까?
꼭 필요한 것.

39 마음을 먹는다는 것은 무엇입니까?
한 생각을 간직하는 마음.

40 마음의 문을 연다는 것은?
아픔을 치유하기 위해서 약을 찾는 것 또한 마음
을 연다는 것이다.

41 음양을 동시에 본다는 것은?
좋고 나쁨을 가리는 것.

42 도인이란?
그 누구도 아는 사실을 더 깊이 아는 사람.

43 상대의 마음을 움직이려면?
물 위에 돌을 던져 보는 것과 같다.

44 정신을 찾는 방법은?
한 마리의 토끼를 잡을 때까지 끝까지 몰아 보아라.

45 일조원의 정신은 무엇입니까?
마음의 약속.

46 예언이 실현되는 이유는?
콩이 잘 자랄 곳에 콩을 잘 심었으면 콩이 잘 되는 이유와 같다.

47 후회하지 않으려면?
하고 싶은 말을 바삐 하지 말라!

48 머리가 좋아지려면?
생각을 거듭하라.

49 생각이 깊어지려면?
필요성을 구하라.

50 건강의 비결은?

불편한 마음을 다스려 내라.

51 내 생각대로 하려면?
양말을 신고 벗는 것도 생각대로다.

52 항상 샘솟는 지혜는?
한 가지의 만 군데 필요성을 찾아라.

53 남을 볼 수 있는 눈?
내 마음을 읽지 말라.

54 다스리는 마음?
부서진 의자를 고쳐보라.

55 항상 즐거운 일은?
참된 곳에 필요성을 찾아내는 일.

56 나를 존경할 수 있을까?
필요 이상을 구하지 않았을 때.

57 복 받는 사람은?
참된 생각과 참된 실천을 거듭할 줄 아는 사람.

58 '현실' 과 '도피' 란?

현실을 부정하는 사람은 자리를 피하는 것이다.

59 근심 걱정을 없애려면?
현실을 부정하기보다 극복을 찾아라.

60 고통을 잘 참는 사람은?
약을 찾을 줄 아는 사람.

61 명이 긴 사람은?
욕심과 허영심이 버려진 사람.

62 욕심의 관계는?
불행이 온다.

63 마음의 등불이란?
희망을 얻는 것.

64 미신이란?
심을 수 없는 콩과 같다.

65 성공의 비결이란?
목적과 실천이 뚜렷할 때.

66 굿이란?

즐거움이 어우러진 것.

67 병자의 마음?
약을 찾는 마음.

68 다스리는 마음?
힘이 들지라도 장애자를 업고 길을 찾아주는 것과 같다.

69 끌리는 매력은?
음식에 간이 안 맞을 때 소금을 찾는 것과 같다.

70 부적의 효과가 있나요?
믿음이 깊을 때.

71 마음에 상처가 있는 사람은?
마음 공부가 안 된 사람.

72 천둥과 불벼락은?
생각 없이 잘못을 저지르면 크게 혼난다.

73 참는 자에게 복이 있다는 것은?
남의 실수를 용서할 줄 아는 사람은 나의 실수를 용서받게 되느니라.

74 젊음을 유지하려면?

무능력을 원망하지 말고 자신을 능력자로 만들어라.

75 시련 속에 성장했다는데?

나의 아픔을 욕되게 하지 말라. 좋은 생각이 떠오른다.

76 삶의 의미?

탄생을 기억하고 건강하게 살아 가고 싶은 데 있다.

77 마음의 평화?

과정을 부정하지 않을 때.

78 정복하려는 자의 마음은?

정상을 보고 싶다.

79 나를 변화하려면?

배우는 정신에서 가르치는 정신으로 바꾸어라.

80 꿈은 왜 꿀까?

마음이 맑지 않을 때.

81 깨달음의 경지는?
아기가 엄마라고 알아볼 때.

82 참선이란?
꼭 필요성을 거듭거듭 가려내는 정신.

83 본 태생은 바뀌나요?
어머니는 바꿀 수 없지만 나의 성품은 바꿀 수 있다.

84 상대를 이해하려면?
자신이 더 커져라.

85 가장 소중한 것은?
나의 생명.

86 선생님들이 도중하차 하는 이유는?
갈 곳을 잃어서.

87 부모다운 부모가 되려면?
과장과 허영심을 버리고 책임감을 이끌어 가라.

88 선생님과 같은 선생이 되려면?
선생보다 더 큰 선생이 되어라.

89 여기에 길이 있나?
샘을 파라.

90 태어난 행복?
엄마 젖을 먹을 때.

91 경락에 대해서?
경락 철학은 경락하는 사람한테 물어라.

92 적응할 것인가?
버리지 않는 마음은 적응할 수 있다.

93 자연의 힘이란?
모든 생명을 유지하는 힘.

94 나를 믿게 하려면?
도구는 그 누구도 믿는다.

95 희망이 있는 사람은?
실천의 준비가 된 사람.

96 피로가 쌓이면?
잠자고 쉬어라.

97 나에 갈 길은?
구원할 수 있는 사람.

98 제2의 인생?
월급쟁이가 자기 사업하는 것.

99 늦은 공부?
바쁘겠구나!

100 회사를 정리했는데 당당함이란?
할 일이 정해졌구나!

샘을 파본 사람은 **물**이 나오지 않더라도
후회하지 않는다

1 성현들께서 존경받는 이유는?
갈증 날 때 물 같아서.

2 감정은 어디서 일어나나요?
다치면 아픔이 기억나서.

3 마음을 어떻게 볼 수 있나요?
난로의 열을 느끼고 열을 보았다고 할 수 있다.

4 깊은 생각에 빠지면 넋이 나간다는 말은?
괴로운 생각에 빠졌을 때만.

5 잠이 많은 사람은?
할 일을 미룰 사람이다.

6 게으름은 왜 일까요?

필요성을 모르기 때문에.

7 용기가 없는 이유는?

목적을 버렸기 때문에.

8 내 마음대로 행동이 안 나오는 이유는?

망설이기 때문에.

9 욕심은 어디에서 일어나나요?

부족함에서.

10 욕심이 많은 사람은?

부족한 것이 너무 많아서.

11 자신의 나쁜 습관을 왜 쉽게 버리지 못할까요?

배고픈 줄 모르기 때문에.

12 꿈은 왜 꾸며 꿈이 잘 맞는 사람은?

꿈은 잠을 자니깐 꾸고, 그 꿈이 맞는다고 믿었기 때문에……

13 궁금한 생각은 왜 생길까요?

헤아려보고 싶어서.

14 식물을 좋아하는 사람은?
느낌이 좋아서 깨끗한 것을 좋아하겠구나!

15 동물을 좋아하는 사람은?
더러운 곳도 닦아줄 줄 아는 사람이겠구나!

16 자신이 좋아하는 음식만 추구하는 이유는?
그것이 편해서.

17 사람은 왜 불안을 느낄까요?
다칠까 봐서.

18 공상은 어디서 생기나요?
아는 것이 부족해서.

19 몸이 아픈 것을 느끼는 것은 왜 그럴까요?
본래의 내 것이 아니기 때문에.

20 좋은 생각을 하려면 왜 잡념이 방해할까요?
모르는 것이 많아서.

21 습관은 왜 생길까요?
바꾸어야 할 필요성을 몰라서.

22 깨달음이란?
목마른 자가 샘을 만난 것과 같다.

23 도와주고픈 마음은?
어머니 마음이 떠오르기 때문에.

24 만족감이 부족한 자는?
항상 안 먹고 싶은 것을 먹어서.

25 용서하기 힘들 때의 마음은?
음식 먹고 체한 것과 같아서.

26 참는 것이 이긴다는 설은?
참는 사람이 크게 보이기 때문에.

27 도전적인 정신은?
약을 찾는 것과 같다.

28 쉽게 포기하는 자의 마음은?
덜 아파서 약을 먹지 않는 것과 같다.

29 상대방의 부탁을 거절할 수밖에 없을 때의 행동은?
정직하게 단호해야 한다.

30 원초적인 힘이란?
아픔을 배우지 않아도 아픔을 아는 것과 같다.

31 욕심을 버린다는 것은?
순리를 터득하였을 때.

32 잠재력이란?
그 어떤 것도 재료로 쓸 수 있는 것과 같다.

33 진실이란?
그대로와 참된 것을 거짓말하는 것까지.

34 인연법이란?
만남의 증거가 되는 것.

35 멸도란?
이상, 이하가 정화되는 것.

36 겸손한 마음은?
불편할지라도 남을 편하게 해주는 것.

37 도를 구한다는 것은?
도구를 만들어내는 것과 같다.

38 관상을 잘 보려면?

마음의 상을 버리고 지켜보라.

39 적극적인 삶이란?

버스를 탈 때 줄 서 있는 것과 같이 참는 마음이
있다. 또 보고 싶은 친구를 직접 찾아 가는 것과
같다.

40 소극적인 삶이란?

버스를 탈 때 새치기하는 것처럼 참을성이 없고,
보고 싶은 친구를 기다리기만 하는 것.

41 '산은 산, 물은 물' 이란?

방법을 정하지 말고 목적을 만들라는 깊은 뜻이
있다.

42 진리란?

누가 보아도 종이는 종이다.

43 거짓이란?

생각과 행이 다른 것.

44 겉 다르고 속 다른 자를 보려면?

내 마음을 보지 말라.

45 상대방에게 내 마음을 감추려면?
감추지 말고 당당하여라.

46 집착이란 어디에서 어디까지인가요?
안 된다 해서 약속을 어기는 것까지.

47 가장 쉽게 나를 알리려면?
마음과 행이 같아야 한다.

48 내적 공을 쌓으려면 어떤 정신을 갖나요?
한 번 먹은 마음을 버리지 말라.

49 근본이란?
금계는 금계 알을 낳는다.

50 상대방과 말이 통하지 않을 때는?
네가 공부를 더 하라.

51 행복해지려면?
보리밥을 해 놓고 쌀밥을 먹을 수는 없다.

52 후회하지 않으려면?
샘을 파본 사람은 물이 나오지 않더라도 후회하지 않는다.

53 좋은 친구를 찾는 방법은?
모르는 것을 진실되게 물어라.

54 좋은 친구가 되려면?
단점을 마음에서 꼬집지 말라.

55 허기짐을 느끼는 이유는?
보고 싶거든 찾아 가라.

56 나 자신을 찾으려면?
하고 싶은 것을 해내라.

57 수줍은 마음을 없애려면?
마음을 감추지 말라.

58 흉을 잘 보는 자는?
잘못될 사람이다.

59 용서는 어디까지?
봉지가 작으면 물건을 적게 넣을 수밖에 없다.

60 좋은 이웃을 만들려면?
진실되게 말을 건네라.

61 갑작스런 재앙은?

원망과 불만의 씨이다.

62 성취란?

입고 싶은 옷을 사 입는 것도 성취다.

63 낚시를 좋아하는 자는?

참을성이 깊어지겠구나!

64 살생은 어디까지인가요?

진실을 짓밟는 것까지.

65 인체는 소우주라고 하는데요?

비유하자면 그러하다.

66 우울증은 어느 사람에게나 오나요?

울고 싶은 사람.

**67 가증스러운데도 듣고 있어야 할 상황일 때는
어떻게 해야 하나요?**

짖는 개는 맞아도 짖는 것이다.

68 우월감이란?

못 올라갈 나무에 남이 오를까 두려워하는 것.

69 존경을 받으려면?
없는 사람을 도와주어라.

70 자존심은 어디까지인가?
나의 지식까지.

71 어리석은 마음은?
모르는 길을 묻지도 않는 것.

72 거짓말을 잘 하는 자는?
가사를 탕진할 사람.

73 답답함이란?
사람을 기다리기만 하는 것.

74 상대방을 정신적으로 제압할 수 있는 힘이란?
마음에 곰을 키워라.

75 상대방에게 제압당할 때 방어할 수 있는 힘은?
마음에 호랑이를 키워라.

76 당당함이란?
마음에 쥐를 키우지 말라.

77 말을 잘 하려면 무슨 생각을 많이 해야 하나요?
추우면 춥다 하고 더우면 덥다 해라. 옷과 부채를 받는다.

78 부지런함에도 못사는 사람은?
앞으로 남고 뒤로 밑지는 장사를 하는 사람.

79 인생은 굵고 짧게라는 말은?
천년을 계획하고 백년을 살라는 의미가 깊다.

80 좋은 동행자란?
서로를 믿고 의를 나누는 것.

81 어두운 곳에 가면 왜 공포감이 생기나요?
힘이 없어서.

82 죽음은 왜 두려울까요?
죽을 줄 몰라서.

83 오래 살고 싶은 마음은요?
읽던 책을 다 읽고 싶어서.

84 자기 주장이 강한 자는?
손이 하나인 사람은 두 손으로 물건을 들지 못하

는 것이다.

85 대담하지 못함은?
술을 마실 줄 모르는 것과 같다.

86 깨우친 자의 모습은?
규칙이 없다.

87 우월한 자를 만나면 기가 죽는 이유는?
악인은 개를 보고 운다.

88 참회란?
다시 시작하는 것.

89 지혜롭게 산다는 것은?
밥을 잘 해서 맛있게 먹는 것과 같다.

90 고요함이란?
무상무념, 행이 없는 것이다.

91 공짜를 좋아하는 이유는?
빚이 아니기 때문에.

92 화는 어디까지 참아야 하나요?

큰 불을 끌 때는 물이 많이 필요하고, 작은 불을
끌 때는 물이 적게 필요한 것이다.

93 풍수지리란?
바람과 물과 불과 땅의 성질을 가리는 것이다.

94 효도란?
자신이 감사한 사람은 부모에게 잘 하는 것이다.
항상 어버이를 가까이 하는 마음.

95 시술을 잘 하려면요?
고요하라.

96 성공이란?
잃어 버린 것을 찾아내는 것.

97 배움이란?
생필품을 사 두는 것과 같다.

98 잔소리란?
필요 없는 물을 끓이는 것과 같다.

99 공부를 잘 하려면?
밥이 잘 될 때까지 불을 끄지 말라.

100 복이란?
갈증을 해소했을 때와 같다.

죽은 **나뭇가지**에 **색칠**을 한다고
꽃이 필거냐!

1 **참스승이란 어떤 분입니까?**
미숙한 정신을 올바르게 일깨워주는 스승.

2 **참다운 제자는 어떠 해야 합니까?**
선택을 때 묻히지 않고 바르게 쓰는 정신.

3 **일조원 선생으로서 무엇을 갖추어야 합니까?**
이로움과 해로움을 연구하는 정신.

4 **선생님은 어떻게 이 길을 찾으셨나요?**
자신 있게 나갈 길을 찾다가 이것을 찾았다.

5 **선생님을 가르친 스승이 계십니까?**
나의 정신을 올바르게 일깨워준 스승은 있고, 나의 철학과 능력을 가르쳐준 스승은 없다.

6 선생님의 철학은 무엇입니까?
마음의 약속이다.

7 일조원을 통해서 선생님이 이루고 싶은 것은 무엇입니까?
내 것을 전 세계에 알려주고 싶은 심정.

8 선생님은 종교가 있으신지요?
특별히 믿는 종교는 없지만, 모든 종교를 존경한다.

9 공부하면서 영향 받은 종교가 있는지, 또 있다면 어떤 것인지 말씀해 주세요.
각 종교의 말씀 속에 믿음과 기도의 힘을 깨달았다.

10 기독교와 불교의 차이는 무엇입니까?
진리는 같고 표현과 문화의 차이다.

11 믿음이라 하면 종교를 먼저 떠올리지만 누구라도 '아~' 하고 알아들을 수 있게 말씀해 주세요.
보이지 않는 진리는 씨앗과 같다. 마음에 심어두면 싹이 튼다.

12 성경에 '예수님이 너희에게 겨자씨만한 믿음이 있어도 산을 옮길 수 있다' 했는데, 선생님은 이 말을 어찌 생각하십니까?

진리를 크게 쓰라는 의미가 깊다.

13 성경에 '심령이 가난한 자는 복이 있다' 는 말은 무엇입니까?

잘 할 자신만 있고 실천이 없는 자는 심령이 부자이다.

14 성경에 '온유한 자는 복이 있다' 는 말은 무엇입니까?

마음이 따뜻하고 실천이 성실한 사람.

15 성경에 '긍휼히 여기는 자는 복이 있다' 했는데, 긍휼은 무엇이며, 이 말 뜻에 대하여 말씀해 주세요.

힘이 들지라도 남을 위하는 정신.

16 성경에 '마음이 청결한 자는 복이 있다' 했는데, 마음이 청결한 것과 이 말씀의 진정한 의미는 무엇입니까?

남과 나를 오염시키지 않는 정신.

17 성경에 '화평케 하는 자는 복이 있다' 했는데, 화평이 무엇이며 이 말씀의 진정한 의미를 일깨워주세요.

사람 사이를 어지럽히지 않고 정화하며 화목하게 하는 정신.

18 성경에 '의를 위하여 핍박을 받는 자는 복이 있다' 했는데, 선생님이 생각하시는 이 시대의 의는 무엇입니까?

노숙자에게 작은 돈을 벌지라도 놀지 말라고 설득한다면.

19 성경에 '너희는 세상의 빛과 소금이 되라'고 했는데, 빛과 소금은 무엇입니까?

소금은 아는 것을 실천하라는 데 있고, 빛은 이로운 것을 세상 밖으로 널리 알리라는 의미가 깊다.

20 성경에 '네 오른편 뺨을 치거든 왼편도 돌려대라' 는 말씀은 무엇입니까?

잘못을 부정하기보다 인정하고 바른 것을 찾으라는 의미가 있으며 참았다고 공격하지 말고 한번 더 참으라는 의미가 깊다.

21 성경에 '너를 송사하여 속옷을 가지고자 하는 자에게 겉옷까지도 가지게 하라' 했는데, 이 말씀은 무엇이며, 오늘날 과연 그럴 수 있다고 보시나요?

너에게 양식이 있음을 알고 밥만 구하려 왔거든 쌀까지도 더 주라는 의미가 깊다. 내 잘못을 남의 잘못과 비교하여 자신을 먹칠하지 말라.

22 성경에 '누구든지 너로 억지로 오 리를 가게 하거든 그 사람과 십 리를 동행하라' 했는데, 길을 물어도 안 가르쳐주는 사람도 더러는 있는 바쁜 세상에 선생님은 이 말씀을 어찌 생각하십니까?

참 진리는 그 시대뿐만 아니라 영원한 것이다. 삼십 분만이라도 가르쳐달라고 억지를 부리거든 한 시간 이상 가르쳐주라는 의미가 깊다.

23 성경에 '네게 구하는 자에게 주며, 네게 꾸고자 하는 자에게 거절하지 말라'고 했지만 요즘 가까운 사람일수록 금전 관계는 갖지 말라는 말을 하는데, 이 말씀을 어찌 받아들이고 해석해야 할까요?

지식, 상식, 견문을 너에게 얻고자 하거든 잘 가르쳐주고, 주고자 하거든 받아들이라는 의미가 깊다.

24 성경에 '너희 원수를 사랑하며, 너희를 핍박하는 자를 위하여 기도하라' 했는데, 원수 사랑을 어떻게 하며, 무슨 기도를 어떻게 해야 합니까?

썩은 음식은 거름으로 쓰고, 더럽혀진 것은 깨끗하게 닦아주는 힘과 같고, 기도는 자기가 먹은 음식 속의 영양소가 건강하게 해준다는 의미가 깊다.

25 성경에 '좁은 문으로 들어가라' 했는데, 무슨 말씀입니까?

선택은 작지만 그 선택을 크게 활용하라는 뜻이 깊다. 너의 미숙한 것부터 일깨워라.

26 '모든 것은 마음에서부터 온다'고 했는데, 사람들은 왜 병들고 아픈 걸까요?

방죽에 물이 고이면 고기가 생기고, 똥이 고이면 벌레가 생긴다. 그릇은 마음이고 생각과 정신은 그 그릇 속에 담겨진 물질이 다른 것과 같기 때문이다.

27 또 아무것도 모르는 어린아이가 아픈 것은

왜 그런가요?

마음도 생각도 정신까지도 몸 안에 있는 것 같지만 몸 밖에 있는 것이다. 큰 물고기는 웬만한 오염 속에서도 적응하지만 작은 물고기는 적은 오염 속에서도 적응하지 못하는 것과 같다.

28 태 안에서부터 불구인 자는 왜, 무엇 때문에 그렇게 태어날까요?

산모가 독향을 맞으면 뱃속의 태아까지 몸이 뒤틀린다.

29 '비판하지 말라. 또 비판받지 말고 살아라' 하는데, 진정으로 비판이 무엇인지요?

참 실천을 게을리하지 말고, 남을 함부로 평하지 말라는 의미가 깊다.

30 '남을 함부로 정죄하지 말라'는데, 과연 죄는 무엇입니까?

남을 함부로 평가하는 것은 자신을 잘났다고 자랑하고 주위를 어지럽히는 죄가 크다.

31 대부분 종교인들은 구원받기 위해 힘을 씁니다. 과연 구원이란 무엇인가요?

평범한 사람은 이로움과 해로움을 깊이 구분하

지 못하는 마음이 있어 의지할 곳을 찾고자 하는 마음이 있기 때문이다.

32 '이기심이 나쁘니 갖지 말라' 하는데, 이기심이 무엇입니까?

자신의 이익만을 추구하는 정신.

33 '심성이 좋아야 한다' 는데, 그 심성은 무엇입니까?

올바른 실천 정신이 변하지 않는 것.

34 순종적인 사람을 좋아하는데, 순종이 무엇입니까?

질서를 어기지 않는 실천 정신.

35 '욕심이 죄를 부른다' 는 말이 있는데, 욕심은 무엇인지요?

질서를 어기면서까지 얻으려는 정신은 모든 것을 어지럽히는 죄이다.

36 진실이라는 말을 많이 쓰고 있지만 선생님이 그 누가 들어도 '아~' 하게 대답해 보라고 하면 말문이 막힙니다. 진실이 무엇인지 말씀해 주세요.

참된 것을 찾아 실천하는 정신이 바로 진실이다.

37 진리란 무엇입니까?
선택에 관계없이 움직여지는 과정의 능력.

38 '중용을 지키라'는 말을 하지만, 때로는 그 말을 제대로 알지도 못하고 살 때가 있습니다. 중용의 참 뜻을 알려주세요.
미숙하지도 이기적이지도 아니하고, 질서와 과정을 어기지 말라는 의미가 깊다.

39 자만이 무엇입니까?
모든 것을 자기가 하지 않으면 안 되며, 자기가 최고라고 하는 것이다.

40 교만이란 무엇입니까?
남을 업신여기는 마음.

41 '자존심이 있어야 한다. 자존심을 버려라' 하는데, 자존심이 무엇입니까?
정직과 충실을 지키는 것이 자존심이 있는 것이고, 어리석음과 미숙함을 지키는 것은 자존심을 버려야 하는 것이다.

42 긍지란 무엇입니까?

좋은 마음가짐을 심었거든 간직하라는 의미가
깊다.

43 정을 느끼고 살고 정을 준다고 하며 살면서도 정이 무엇인지 알다가도 모르겠습니다. 정이란 무엇입니까?

길들여졌거나 잊혀지지 않는 따뜻하고 매콤한
맛을 잊지 못하는 감정이 곧 정이다.

44 부모 자식의 사랑, 형제간의 사랑, 친구와의 사랑, 애인과의 사랑 등 많은 사랑이 있는데, 사랑이 무엇입니까?

불은 어디에 사용해도 불이다. 희망과 기쁨을 주
고 힘이 들지라도 만족을 할 줄 알면 사랑을 할
줄 아는 것이고 인사성이 있는 것이다.

45 '주는 사랑'과 '받는 사랑' 중에 어느 것이 크고 기쁠까요?

사람 사이에 정직과 충실이 어우러져 주고받는
모든 실천들이 피해 없이 정을 이룬 것이 인사성
이며, 사랑이다. 특별한 사랑의 법칙을 구하지
말라. 인사성의 정신은 곧 사랑의 근본이다.

46 '시기하지 말라. 시기란 나쁜 거다'라고 말들은 하지만 시기를 모르면 하고도 모르고 살 수 있으니, 시기란 무엇인지 말씀해 주세요.

시기심은 힘과 능력을 과장하는 것이며, 음식을 과식하는 것과도 같다. 즉 지쳐 쓰러지는 위험이 있다.

47 질투란 무엇입니까? 또 질투하면 무엇이 나쁜지요?

먹으려는 음식을 보기만 하고 투정하는 것과도 같고, 질투를 하면 부대끼고 고통스러움이 찾아든다.

48 부지런이란 무엇입니까?

크고 작은 일을 구별하지 않고 잘 처리하는 실천.

49 부지런하고도 가난한 사람은 왜 그럴까요?

수입이 적은 일과 수입이 줄어들 일만 바삐 찾기 때문이다.

50 게으름이란 무엇입니까?

어두운 밤에 하늘에서 수입이 떨어지기를 바라는 마음.

51 공덕이 무엇입니까?

내가 인사성을 지키고 실천하는 모든 행위.

52 공덕을 쌓으려면 어떻게 해야 합니까?

인사성을 넓고 깊게 베풀고 정직, 성실, 충실을 넓고 깊게 실천해야 한다.

53 공력이 무엇입니까?

믿음과 기도가 쌓인 힘과 같고, 과일나무가 건강하게 자라서 매년 열매를 맺어주는 것과도 같다.

54 공력을 쌓으려면 어떻게 합니까?

선택한 것에 집중하여 그 깊이를 얻고 깨닫는 것이다.

55 능력이 무엇이고, 능력 있는 자가 되려면 무엇을 갖추고 어떻게 살아야 하나요?

씨앗은 선택받은 땅에서 자연의 능력을 받아 때 맞게 꽃 피우고 열매 맺는다. 곧 선택은 능력의 씨이다.

56 성공한 사람이란?

씨앗이 싹을 틔우고 성장하여 꽃 피우고 열매 맺음이 성공이다.

57 실패한 삶이란?

선택을 가꾸고 일구지 못하는 것이다.

58 예의바른 사람이 되라고 하는데, 예의범절에 관하여 말씀해 주세요.

인사성이 없는 사람이 규정되어 있는 크고 작은 인사와 질서를 좁은 곳에서 넓은 곳까지 더럽히지 않고 실천하는 것이 범절이다.

59 정직이 무엇입니까?

그 누구에게도 해가 되지 않게 실천하는 정신.

60 '지식이 있는 자'보다는 '지혜로운 사람'이 되고 싶은데, 지혜란 무엇이고, 지혜로운 사람이 어떻게 되는지 말씀해 주세요.

많은 것을 얻어 실천하지 못하는 것은 어리석은 것이고, 작은 하나를 얻어 증폭시켜 깊고 넓은 곳에 실천하는 이는 지혜로운 사람이다.

61 선생님이 '극기'라는 글을 써주셨는데, 나를 이기려면 어찌 해야 합니까?

바른 선택과 행복의 종이 되는 것은 자신을 이기는 것이다.

62 '인색하지 말라'고 하셨는데, 인색이 무엇인지, 인색함을 없애려면 어찌 해야 하나요?

남들이 실천하고 있는 모든 인사성을 배워 익히고 아낌없이 실천하면 인사성의 근본을 깨닫게 된다.

63 많은 기술 중에 삶의 기술은 무엇입니까?

심성은 근본이고, 인사성은 과정이다. 최소한 인사성, 활동성, 성실성, 정직성, 충실성, 적극성을 도구로 하여 지식, 상식, 견문, 기술을 다스리고 실천하는 것이다.

64 '상식 있는 사람', '상식 밖의 사람' 하는데, 상식이 무엇입니까?

좋기만 한 것은 감사함이 아니기 때문에 기억에서 멀어지기 쉽고, 진정한 감사함은 기억에 오래 남아 피와 살이 되는 것이다. 이것이 곧 상식이다. 이것을 부정한다면 몰상식이고, 상식 밖의 사람이다.

65 '지식이 풍부해야 한다'는데, 지식이 무엇입니까?

각종 씨앗이 넓은 땅에 심어져 있다면 때가 되면 언제라도 꽃피우고 열매를 맺는다.

66 **'견문이 넓어야 한다'는데, 견문이 무엇입니까?**

내가 먼 길을 가다가 바라본 것들이 기억에 남아 있으면 견문이다.

67 **'말이 필요 없는 힘을 얻으라'고 하셨는데, 어떻게 얻을 수 있습니까?**

말을 잘 한다고 배우지도 않은 수영을 잘 할 수 있겠는가? 그 능력을 깊이 깨달아라!

68 **충성이 무엇입니까?**

힘들지라도 약속을 어기지 않는 정신.

69 **진정한 효도는 어떤 것일까요?**

어버이에게 아낌없이 성실과 충실을 다하라.

70 **'깨달음을 얻으려고 하는 자는 깨달을 수 없다'고 하셨는데, 어떻게 해야 잘 깨달을 수 있습니까?**

나갈 길을 선택도 못했는데, 무엇을 선택할꼬!

71 **'감사함'과 '고마움'이 무엇이고, 그 차이는 무엇입니까?**

감사는 나의 피와 살이 되고, 고마움은 갈증을

해소한 것이다.

72 불평이 무엇입니까?

날씨가 흐린 것은 어찌 할 수 없는데, 하늘 보고 욕하는 것.

73 '불만을 품지 말라'고 하는데, 불만의 근원은 무엇이고, 불만이 무엇입니까?

먹고 싶지 않은 것을 거절 못해서 먹어 놓고 배가 아파 고통을 받는 것이다.

74 '마음을 비우라'고 하시는데, 마음을 비운다는 것이 무엇이고 어떻게 비웁니까?

마음은 빈 그릇과도 같다. 너의 잘못된 정신을 쓰지 말라는 의미가 깊다.

75 어떤 사람이 큰어머니입니까?

좁은 문으로 많은 사람을 들게 하여 넓은 곳으로 인도하는 사람.

76 '의리를 지키라'고 하는데, 의리가 무엇입니까?

남의 형제와는 친절하면서 내 형제에게는 불만이 많은 것도 의리를 못 지키는 것이다.

77 마음의 씨는 무엇이며, 마음의 씨를 얻으려면 어떻게 하나요?

마음씨는 정신이고, 심성은 싹이며, 인성은 자람이다. 올바른 정신을 선택하라!

78 진정한 회개는 무엇입니까?

잘못 배워 지은 농사를 망쳤으면 다시 잘 배우는 것도 회개이고, 더럽혀진 인성을 가다듬은 더 큰 회개이다.

79 순리대로 사는 것이 어떤 것이고, 순리란 무엇입니까?

질서를 어기지 않는 것이 순리이다.

80 '역행하지 말라'의 역행은 무엇입니까?

선택한 것을 실천하다가 힘들다고 버리는 것이 역행이다.

81 사람들은 행복하게 살기를 원하는데, 진정한 행복은 무엇입니까?

사람이 먹은 것과 실천한 것은 모두 내 마음속에 남아 있어 만족되면 기쁨이고 행복이며, 억울하면 불행이다.

82 누구든 불행하고 싶지 않을 것입니다. 불행이 무엇입니까? 어떻게 해야 불행하지 않게 살 수 있나요?

선택을 어설프게 하여 실천하고 나면 원망과 고통이 온다.

83 과연 운명이 존재할까요?

운명은 내가 선택한 시간과 장소를 가는 길이다. 목적지를 향해 가다가 이것저것을 맛보게 된 것을 팔자 속이라 하는 것이다.

84 '수용'과 '포용'이 무엇입니까?

잠시 쉬었다 가게 하는 것은 수용이고, 잠까지 재워주는 것은 포용이다.

85 '후회없는 삶을 살라'고 하는데, 후회가 무엇입니까?

되돌아가고 싶은데 못 가는 것이 후회이다. 실천을 게을리하지 말라!

86 반성이 무엇이고, 제대로 하는 반성은 무엇입니까?

많이 먹고 비만해졌거든 후회만 하지 말고 다시는 과식을 하지 않는 것이 반성이다.

87 '편견을 갖지 말라'고 하지만 때로는 모르고 쓰는 경우가 있는데, 편견이 무엇입니까?

한 사람만 편하게 해주는 것이 편견이고, 많은 사람을 모두 편하게 해주는 것은 편견이 아니다.

88 고정관념이 나쁘다는 것은 누구나가 다 압니다. 고정관념이 무엇입니까?

자신을 연구할 마음이 없는 것도 고정관념이고, 연구가 없으면 발전이 없는 것이다.

89 아부가 지나치면 정성이 될 수 있다고 하셨는데, 아부와 정성이 무엇입니까?

아부는 어린아이가 부모에게 먹을 것을 달라고 애교를 떠는 것이며, 정성은 예의범절과 질서를 지키는 것이다.

90 '사술'과 '사심'을 쓰지 말라고 하셨는데, 사술과 사심이 무엇인지요?

나의 이익만 챙기는 마음가짐은 사심이고, 사심을 감추고 실천하는 것이 사술이다.

91 지적 받으면 즐겁기도 하고 괴롭기도 합니다. 왜 그런가요? 그 본심은 무엇입니까?

잘못하고 있는 것을 고치고 잘 할 자신이 있으면

즐겁고, 잘못인 줄 알면서도 욕심 때문에 고치지 못하면 괴로운 것이다.

92 어떻게 해야 집중을 잘 할 수 있고, 그 힘을 얻어낼 수 있습니까?

빨리 먹는 밥은 집중이 안 되어서 맛의 깊이도 모르고 먹게 되어 체하기 쉽고, 천천히 먹는 밥은 맛의 깊이를 알게 되며 소화도 잘 된다.

93 모든 사람들과 소통을 잘 하려면 어떻게 해야 합니까?

나의 이익만을 추구하지 말라.

94 상담을 잘 하려면 어떻게 해야 합니까?

사실성과 충실성으로 임하라.

95 실천하는 사람이 되고 싶은데, 어떻게 해야 실천을 잘 할 수 있습니까?

때를 미루지 말라.

96 밝고 맑은 마음이 어떤 것이며, 어떻게 해야 그렇게 되나요?

기쁨을 주는 마음은 밝음이고 희망을 주는 마음은 맑음이다.

97 소크라테스가 말하기를 '너 자신을 알라' 했는데, 어떻게 자신을 잘 알 수 있나요?

자신의 현실을 부정 말고 실력을 과장하지 말라는 의미가 깊다.

98 '인상은 그 사람의 심상' 이라 했는데, 성형수술을 하고 인상이 바뀌면 심상도 바뀌나요?

죽은 나뭇가지에 색칠을 한다고 꽃이 필거냐!

99 '정령' 의 뜻은 무엇입니까?

이로움과 해로움을 깊이 가진다는 의미가 깊다.

100 선생님께 배우며 무엇을 찾고 무엇을 얻어야 합니까?

인성을 찾고 선택을 가꾸어 일구어 내라!

1 자신을 알 수 있는 방법은 무엇인가요?
어느 것에 충실했나를 살펴보라. 그것이 너다.

2 능력의 힘은 어디서 오는 것인가요?
얻고자 함에 충실했을 때.

3 기적은 어떻게 해서 생기나요?
갑작스런 환경에서 발생한 것과 그것을 사람이
더 큰 것에 이용하는 데서 생기는 것이다.

4 체형은 왜 서로 다른가요?
식생활이 달라서.

5 마음이란?
하늘과 같다.

6 자제력의 극치는 어디서 오나요?
참에 충실할 때.

7 사람의 마음을 편하게 해줄 수 있는 것은?
공격 없는 충실한 마음가짐.

8 마음의 자유란 어떤 것입니까?
내 갈 길에 충실했을 때.

9 말하지 않아도 알 수 있는 힘은 무엇입니까?
듣고, 보고, 냄새 맡고, 맛보고, 닿고, 힘쓸 수 있는 힘.

10 흙(땅) 성분이 다른 것은 왜 그런지요?
동서남북이 다르기 때문에.

11 흙의 성분도 사람에게 영향을 미치나요?
흙에서 나온 것을 사람이 먹고 살더라.

12 색에도 기운이 있나요?
색에도 빛이 있어 그 힘을 증명할 수 있다.

13 병은 왜 생기나요?
때 묻은 생각이 떠나지 않기 때문에.

14 언젠가 책에서 우리나라에서 세계를 다스리는 사람이 난다는 것을 읽은 적이 있는데 그런 사람이 우리나라에 있는지요?

씨는 그 어디에도 꼭 있다.

15 또 다스리면 어떠한 형태로 다스리는지요?

참 좋은 쪽으로…….

16 자신의 일을 제대로 하려면 어떠한 정신을 가져야 하나요?

얻고자 하는 일에만 충실했을 때 만이다.

17 사랑의 마음은 왜 생기나요?

좋다는 것을 알기 때문에 생긴다.

18 화합하는 힘의 결과는 무엇을 나타내나요?

실천력.

19 음식도 사람의 성격에 영향을 주나요?

음식의 맛이 생각을 바꿔주는 역할을 하기 때문에 성격에도 영향이 미친다.

20 단체가 잘 되려면 무엇을 갖추어야 하나요?

서로가 공격하지 않고 화합하는 마음가짐.

21 귀티는 무엇입니까?

밝고 맑은 마음가짐.

22 정신 단련은 어찌 하나요?

얻고자 하는 것에 실천하는 마음가짐이 투철해
야 한다.

23 좋은 생각은 무엇입니까?

그 누구에게도 해가 되지 않고 실천될 수 있는
깊은 생각의 씨.

**24 보이지 않는 것을 보이게 하는 능력은 무엇
인가요?**

깊고 깊은 한 생각.

25 예지의 능력은 어디서 오나요?

한 생각이 고요할 때.

**26 넘치지도 않고 모자라지도 않는 것은 어떠
한 것인가요?**

흔들리지 않는 것이다.

27 하나를 알면 열을 알 수 있는 것은?

하나를 배우고 익혀서 열 곳에 써라.

28 근본은 무엇입니까?
씨.

29 뿌리를 알 수 있는 정신은 무엇입니까?
씨를 심고 가꾸어 실천해 내는 정신.

30 마음의 평정은 어디에서 오나요?
한 곳에 집중했을 때.

31 마음이 통하는 것은 무엇인가요?
하나와 하나가 결합될 때.

32 천생연분은 어떻게 만나나요?
벌과 나비가 꽃잎에 꽃가루를 옮겨줄 때와 같다.

33 생각을 잘 하려면?
동서남북에 마음을 두지 말고 한 곳부터 찾아라.

34 참을 때와 말할 때는 언제인가요?
필요할 때 참고 필요할 때 말한다.

35 정을 나눌 수 있는 방법은?
음식을 나누어 먹는 것도 정을 나누는 것이다.
크고 작은 행을 하는 것도 정을 나누는 것이다.

36 **오로지 하나인 생각을 지킬 수 있는 것은?**
목적을 버리지 않는 것과 같다.

37 **어떠한 사람도 품을 수 있는 정신은 무엇입니까?**
변하고 발전하고 싶은 정신.

38 **사람의 정신을 볼 수 있는 법?**
개인의 행이 곧 정신이다.

39 **설득을 잘 할 수 있는 법은?**
아는 만큼 말하라. 진실은 통한다.

40 **지혜는 어디서 오는 것인가요?**
어리석지 않음에서 오는 것이다.

41 **모발이 긴 것도 신통력과 상관 있나요?**
머리로 신통력을 발휘한다면 관계가 있다.

42 **유체이탈도 있습니까? 있다면 유체이탈은 어떻게 할 수 있나요?**
보고 싶은 사람이 보고 싶어서 가슴이 두근거리는 것도 유체이탈의 근본이다.

43 선생님께서 11번을 많이 쓰시는 것은 왜 그런지요?

하나는 씨이고, 새로운 하나는 싹으로 보는 의미가 깊기 때문이다. 열은 채워졌다는 근본이며, 11은 새싹이 돋았다는 근본으로 보기 때문이다.

44 자연의 질서를 어떻게 보시는지요?

무질서하게 흩어져 있는 강바닥의 조약돌도 자연의 질서의 결과이다.

45 가장 아름다운 체형이란?

균형이 흩어지지 않은 체형.

46 '찾는 것'과 '얻는 것'은?

찾는 것은 목적지를 가고 있는 것이고, 얻는 것은 목적지에 닿은 것이다.

47 정직과 가식 없는 실천은 무엇입니까?

식사 때 밥을 찾는 것이 정직이고, 먹는 것이 가식 없는 실천이다.

48 필요함을 줄 수 있는 자는 어떠함을 갖추어야 하나요?

간직함에 충실할 수 있는 정신이 보일 때.

49 다시 만나고 싶은 자가 되는 것은?
말을 할 때 말과 행을 생명같이 하라.

50 집중하는 방법은?
소리에도 생명이 있음을 깨우쳐라.

51 꿈을 이룰 수 있는 법은 무엇인가요?
떠오르는 좋은 생각을 힘이 들지라도 키워내고 실천하라.

52 자연을 움직일 수 있는 자는 어떠한 자입니까?
자연의 힘과 결합되어 있는 사람.

53 노래를 잘 할 수 있는 방법은?
노래를 잘 하려고 하지 말고 음악소리에 퐁당 빠져버려라!

54 행복하기 위해 행함은 무엇입니까?
실천하는 기쁨을 버리지 마라.

55 몸의 노화를 늦추는 법은 무엇입니까?
실천하는 기쁨을 키워내는 정신을 얻으라.

56 좋은 인연을 만나기 위해 어떻게 하나요?

진실에 충실한 사람은 좋은 인연을 만나게 된다.

57 좋은 표정은 어떤 표정인가요?

밝고 맑은 마음가짐에 충실했을 때 나타난다.

58 삼손의 두발의 능력은 사실인가요?

기록에 의하면.

59 기독교인의 영음은 어떠한가요?

믿음과 기도에 진실이 충분하다면 영음하느니라.

60 선생님께서 기도 중 예수님을 만나보신 적이 있나요?

예수님의 충실의 힘을 느껴 봤노라.

61 노스트라다무스 예언은 사실인가요?

많은 사실들이 증명되고 있구나!

62 창세기에 보면 아담과 하와가 선악과를 따 먹으면 죽는다고 하였는데 과연 선악과는 무엇인가요?

선과 악을 논하지 말라는 의미가 깊고, 선과 악을 논함으로써 자연의 질서는 파괴된다는 의미가 깊다. 그러므로 자연의 질서를 깨닫지 못함을 죽음이라고 하는 의미가 깊다고 본다.

63 아담과 하와가 선악과를 따먹고 죽는다고 하였는데, 죽음의 의미는 무엇일까요?

자연의 질서는 공생공락이다. 공생공락은 이익도 없는 것이고 손해도 없는 것이다. 즉 자연 그대로이다. 자연 질서를 어기는 것이 죽는 것이고 또 자연의 파괴는 자연 정신이 파괴된 것이다. 그 파괴로 인해 고통과 번뇌를 더해 가는 정신을 얻게 됨을 주의하라는 의미가 깊다.

64 아담과 하와를 타락시키려고 뱀이 꼬였다고 하였는데, 그 뱀은 무엇을 말하는가요?

진리를 파괴하고 싶은 정신 지주를 칭하는, 다시 말해 자연을 함부로 해석하는 자를 뱀으로 칭했다고 본다.

65 하와는 아담의 갈빗대로 만들었다고 하였는데, 그 갈빗대는 무엇을 의미하는가요?

남자 없이는 여자를 탄생할 수 없다는 의미가 깊다.

66 아담은 어떤 성격의 사람이었을까?

얻고 싶은 마음이 바쁜 성격의 사람.

67 **하와(여자)는 왜 꼬임에 잘 넘어가는가?**
호기심이 많은 성격이기 때문에.

68 **하와가 선악과를 따 먹고 아담에게도 주었는데 따 먹으면 죽는다고 했던 선악과를 왜 아담은 먹었을까요?**
하와가 먹었을 때 안 죽었기 때문에.

69 **최초의 살인 사건이 카인이 아벨을 죽인 사건이라는데, 카인은 왜 아벨을 죽였을까요?**
사람이 먹어야 할 음식을 태워서 없애는 것이 싫어서.

70 **카인과 아벨은 왜 서로를 사랑하지 않았을까요?**
개인의 생각이 공존되지 않기 때문에.

71 **하나님의 이 세상 창조 목적은 무엇인가요?**
예수님이 하나님일 때는 인간의 평화를 위한 정신 창조이고, 자연이 하나님일 때는 자연만이 알 수 있다.

72 **계시록에 보면 아마겟돈 전쟁이 일어난다고**

했는데, 아마겟돈 전쟁이 무엇인가요?

예시하는 사람은 멀리 있는 물체를 보면 보이는 형상을 말할 수밖에 없다. 처음 보는 형상을 그렇게 이름 지은 것이다.

73 가롯 유다는 왜 예수님을 은 30냥에 팔았을까요?

그 현실에 돈이 필요하다고만 생각했기 때문에.

74 계시록에 '인 맞은 자는 해하지 못하리라' 했는데 인 맞은 자는 무엇일까요?

사람 속에서 진실 됨을 인정받은 자.

75 노아의 홍수 심판에서 천하가 다 물로 덮였다는데, 천하는 무슨 뜻일까요?

하늘 아래 있는 모든 것.

76 모세의 홍해 바다의 기적은 사실인가요?

우주의 변화에 의해서 그때마다 나타나는 자연 현상인데, 때로 바다에 빠져도 거북이를 붙잡고 살아 날 수도 있다.

77 모세의 능력을 당세에도 사람이 할 수 있나요?

할 수 있다고 본다.

78 성경에서 예수님을 증거해야 할 사명자 세례요한은 왜 예수님과 같이 안 하고 따로따로 일을 했을까요?

부부가 각자의 일은 다를지라도 가정을 위하는 일은 똑같다.

79 예수님은 어려서부터 하늘의 음성을 들으셨는데 어떻게 들었을까요?

자연의 소리에 귀를 기울였다.

80 성경에 보면 하나님은 6일 동안 일 하실 때 우주도 만들고 자연 만물 사람도 다 만들었는데, 6일 동안 어떻게 만들었을까요?

어느 때라도 인간이 태어나면 이미 이 세상에 모든 것은 존재하고 있다. 이전의 그 사실은 자연만이 알고 있지만 인간 초자연 예언능력자가 6일 동안에 우주 탄생 과정을 모두 보았다고 한다. 그리고 성경 속의 6일은 지금의 6일이라는 시간 개념과는 다를 것이다.

81 사람은 어떻게 만들었을까요?

인간만을 논한다면 흙에서 빚어낸 영양만을 먹어야만 살고 탄생된다. 또 소리와 공기를 마시면서 산다.

82 **사람의 생각 속에서 고정관념은 정해 놓은 것이라고 하는데, 정해 놓은 것을 없애려면 어떻게 해야 하나요?**

객관적 고정관념은 변화시킬 수 없으나 주관적 고정관념은 자신의 노력에 의해 얼마든지 변할 수 있다. 변하고자 한다면 물을 두려워하던 사람도 수영을 배우면 물을 무서워하지 않게 됨을 상기하라.

83 **예수님께서 말씀을 하나님에게 배웠다고 하였는데, 어떻게 배웠을까요?**

나는 자연과 대화하다 자연을 깊이 알게 되었다. 그래서 지금의 마음의 약속 철학을 전하고 있다. '어떻게' 란 들려줄지라도 그 모든 힘은 나만이 알 수 있는 것이다. 예수님도 이와 같다고 본다.

84 **예수님께서 다시 오신다고 했는데, '다시 오신다' 는 무슨 뜻인가요?**

예수님의 정신을 얻은 자가 나타난다는 뜻으로 본다.

85 **다시 오신다면 어떤 방법으로 오실까요?**

예수님과 같은 철학 정신을 가진 사람이 이 세상에 또 나타난다고 본다.

86 다시 오면 어떤 일을 할까요?

인간의 평화.

87 다시 오는 그분을 어떻게 알아볼 수 있나요?

성경 말씀을 듣고 믿는 사람에게만 보일 것이다.

88 인간 속에는 속사람 겉사람이 있다는데, 속사람은 무엇일까요?

실천을 하는 나와 실천을 하지 않는 내가 자신 안에 있지 않은가. 실천을 지시하고 있는 내가 속사람이다.

89 속사람도 형체가 있을까요?

형체는 없지만 느낌은 있다.

90 그 형체는 느낄 수도 볼 수도 있는지요?

마음으로 느낄 수도 있고, 볼 수도 있다.

91 예수님은 지금도 살아계신다고 했는데 어떻게 어떤 방법으로 살아 계셔서 일을 할까요?

예수님의 말씀이 살아서 현재까지도 움직이고 있다.

92 사람에게는 '영'과 '혼'과 '육'이 있다는데, 이는 각기 무엇을 뜻할까요?

영은 느낌이고, 혼은 보는 것이고, 육은 닿는 것이다. 영은 마음이고, 혼은 정신이다.

93 비유로써 말을 잘 할 수 있는 법?

자연의 의미를 하나하나 깊이 생각해 보라. 표현을 꼭 찾을 수 있을 것이다.

94 하나님은 어떻게 해서 존재했나요?

성경 말씀대로 인정하고 싶다.

95 말의 위력은 어디까지입니까?

사람의 목숨을 죽이고 살리기까지 한다.

96 마음의 부자가 되려면 무엇부터 노력해야 하나요?

자연의 진리를 알면 마음이 평화롭다.

97 물질의 부자가 되려면 무엇을 갖추어야 하나요?

목적을 크게 세워 한시도 잊지 말고 작은 것부터 실천하라.

98 겸손의 근본은 무엇입니까?

겸손의 근본은 결합과 나눔의 깊은 의미가 있고,
음식을 혼자 먹지 않고 여럿이 같이 먹는 것도
겸손의 행이다.

1 '사랑'과 '용서'는 어떻게 다른가?

사랑은 내가 할 줄 모르는 것을 남이 해주는 것이고, 용서는 내가 실수한 것을 남이 고쳐주는 것이다.

2 느낌 없는 사랑도 사랑일까?

사랑할 줄 모르는 사람은 사랑을 느낄 수 없다.

3 능력은 실천으로 가능할까?

수영 연습을 한 사람은 물에 뜬다.

4 자연은 진화인가, 창조인가?

어머니가 나를 낳는 것이 진화이고, 나의 능력은 창조이다.

5 노력 없는 성공이 있을까요?

장님은 보이지 않아도 노력에 의해서 보이듯이
산다.

6 내 탓이란 남의 탓과 차이가 있을까요?

내 탓은 발전할 수 있는 증거이고, 남의 탓은 불
편해질 증거이다.

7 '이유가 없는 무덤이 없다' 는데, 있다면 어
떤 것일까?

돌무덤.

8 가만히 있는데, 시비를 걸면?

평소에 남을 비방하거나 비웃으면 이유 없이 시
비가 걸린다.

9 진실의 끝은 있을까요?

밥은 영원히 밥이다.

10 욕심의 끝은 있을까요, 없을까요?

성의 없는 질문이 욕심의 끝이다.

11 사람을 동식물에 비유한다면?

원숭이 같다고 하겠구나.

12 감정과 사랑은 다른가요?
감정은 느끼는 것이고, 사랑은 행하는 것이다.

13 만족이 불만으로 둔갑할까요?
밥을 맛있게 먹고 배가 아픈 사람.

14 사랑도 무게와 양이 있을까요?
크고 작은 일들을 사랑으로 생각해 보라.

15 마음의 질과 양은?
크게 넘어지면 다치고, 작게 넘어지면 아프기만 하다.

16 꿈을 이룬다면?
만족하여 행복을 알겠구나.

17 재산을 지키려면 어떻게?
재산이 있는 사람은 재산을 지킬 줄 안다.

18 놀기를 좋아하면?
할 일도 못하고 만다.

19 친구를 찾으려면?
열등감을 버리고 자신을 낮추어라.

20 고민이 생기면?

험한 산에서 약초를 찾아 보아라. 약을 찾게 될 것이다.

21 외로울 때는 어떻게 해요?

복지관에 찾아 가서 청소를 해주어라.

22 가족이 필요할 때는 어떻게 하나요?

남이 변하기를 기대하지 말고 내가 변하여라.

23 세상이 싫어지면 어떻게 하면 되나요?

검은 안경을 쓰고 다녀라.

24 가고 싶어도 못 가면?

다음에 가야겠구나.

25 욕심은 무엇인가요?

무식한 사람이 아는 척하는 것.

26 최선을 다하면?

식사 때가 지났더라도 밥을 먹을 수 있겠구나.

27 산을 잘 가려면?

힘 자랑 말고 가야지!

28 사람이 미워지면?
내 못난 탓이로구나!

29 오해를 받을 때는 어떻게 하나요?
숨기는 마음이 없는 사람은 오해를 풀 줄 안다.

30 마음과는 다른 말을 들으면?
평소의 잘못을 반성하라.

31 오늘 일을 못하면?
행복도 내일로 미룰 사람이다.

32 욕심이 생기면 어떻게 하나요?
바쁘게 뛰어 가면 넘어진다. 뛰어만 가라.

33 사랑을 받으려면?
'척' 을 말고 못하는 것이 많아야 한다.

34 생각이 나지 않으면?
다시 배워라.

35 좋은 생각을 하려면?
지적받는 것을 멀리 하지 말라.

36 소리가 없으면 어떨까요?
조용하겠구나!

37 빛이 없으면 어떨까요?
바쁜 사람 답답하겠구나.

38 비가 내리면 좋은 점은?
공기가 맑아진다.

39 태양이 없으면 달도 없을까?
달빛만 없겠구나.

40 길을 잃어버리면 어떻게 될까요?
어리둥절하겠구나.

41 내일을 모른다면?
배워야겠구나.

42 가만히 있는데 누가 시비 걸면?
공격하지 말고 싸움하지 마라. 그래야 바보가 되지 않는다.

43 지금 당장 소원이 이루어진다면?
과장하지 말고 겸손하여라.

44 **친구가 이유도 없이 연락을 하지 말자고 한다면?**
나의 잘못을 찾고 용서를 빌어라.

45 **싫어하는 사람이 있다면?**
똥은 싫어도 내 손으로 닦는 것이다.

46 **재미있는 일이 생기면?**
기쁘겠구나.

47 **해야 할 일을 못했을 때 어떻게 해야 해요?**
거듭 변명하지 말고 진실되어라.

48 **가슴이 아플 때는 마음도 아픈가요?**
음식을 먹고 체했다면 마음도 아프겠구나.

49 **대화가 안 될 때는 어떻게 해요?**
말대꾸를 하지 말고 들어주어라.

50 **타임머신은 있을까요?**
욕심이 많은 사람은 똥도 남보고 싸라고 할 것이다.

51 **꿈을 꾸면 현실과는 어떨까요?**

별은 별이고, 지구는 지구이다.

52 색이 없다면 어떨까요?
글씨도 못 쓰겠구나.

53 진실이 외면당할 때?
어리석은 비방은 진실일지라도 외면당하는 것이다.

54 시간을 만들려면 방법이 있나요?
마음의 약속을 지키는 것이 시간을 만드는 방법이다.

55 여유가 없다면 만들어야 하나요?
짧은 머리는 길러야 묶을 수 있다.

56 화병에 꽃이 없다면 무슨 꽃을?
좋아할 수 있는 꽃을 꽂아라.

57 나비와 벌은 어떤 관계인가요?
자연 관계.

58 꽃과 벌은 꼭 필요한가요?
성품이 예쁜 사람은 알게 된다.

59 고양이와 개는 친할 수 없을까?
잘 길들여진 개와 고양이는 친할 수 있다.

60 지난날이 후회되면?
성품을 가꾸어라.

61 인생의 종착역은?
자연 속의 지구촌.

62 가는 길이 틀리면 어떻게 하나요?
시작부터 다시 가라.

63 '공상'은 '생각'과 다르다?
공상은 형체도 실천도 없는 것이고, 생각은 실천할 수 있는 씨이다.

64 '바다'와 '육지'는 상반되나요?
개는 물을 혀로 먹는다.

65 바닷물은 왜 짠가요?
모든 물질이 섞여졌다가 정화되어 짜다고 생각한다.

66 역술은 무엇을 알까요?

생각을 바꾸어주는 일을 한다.

67 철학은 사주를 푸는 것입니까?
자연의 섭리를 계산해 보는 것이다.

68 귀신은 있습니까?
아프지 않은 것을 아프다고 하는 것이 귀신이다.

69 신은 몇 종류입니까?
득실득실하더구나.

70 점을 치는 것과 보는 것의 차이는?
얼굴을 보여주고 평가받는 것이 들어 보이는 것
이다.

71 인생을 점칠 수 있습니까?
실천한 대로 나타나는 것이다.

72 사주는 인생을 좌우합니까?
지적받게 되면 그러하다.

73 '어제'와 '내일'의 차이는?
날씨 차이다.

74 지난 일을 되돌린다면?
생각뿐이겠구나.

75 진정한 믿음은 무엇입니까?
배고픈 사람이 밥 찾는 것.

76 머리카락은 왜 자랄까요?
머리카락이 살아 있기 때문이다.

77 남자와 여자는 결혼을 해야 하나?
좋을대로.

78 동성애자들의 사랑도 사랑일까?
좋아하는 사랑.

79 사랑이라면 이성간의 사랑과 어떻게 다를까?
음식은 같은데 가짓수가 많구나.

80 참된 용서와 이해는 사람의 마음에서 가능할까?
참된 사람은 가식이 없다.

81 요즘 사회에서 일어나는 사건들은 어떤 흐름 때문일까?

생각이 멋대로 흐르기 때문에.

82 쉽게 살인을 저지르는 요즘 세대의 원인은 어디에 있나?
잘못을 지적받기를 멀리한 사람들 때문이다.

83 군에서 일어나는 문제들은 신세대 군인들의 잘못인가?
구세대도 타협을 모르는 사람이 많더라.

84 마음에서 우러나지 않은 선행도 선행일까?
힘들어도 일하면 월급을 준다.

85 우울증은 마음에서 비롯되는 것인가?
우울한 생각밖에 못하면 우울증이 오는 것이다.

86 성형수술로 관상이 바뀔까?
백지에 그림을 그려 보아라.

87 사주팔자는 태어났을 때 정해진 운명인가?
실천한 만큼이다.

88 술이 나쁘다는 것을 알면서도 마시는 것은 의지력 부족일까?

참지 못하기 때문이다.

89 욕심은 자기에서 비롯되는 것인가?
배우지 못한 탓이다.

90 참 진리는 교회에 있는 것인가, 절에 있는 것인가?
있는 것을 참된 곳에 쓰는 것이다.

91 성령에도 혼령이 있는가?
성령은 자연을 보호하고, 혼령은 육신을 보호하는 것이다.

92 영혼은 살아 있을 때에도 존재할까?
영혼은 자연과 육신을 결합하는 길잡이다.

93 신이란 것은 무엇에서 비롯되는가?
공상에서.

94 의복이 집이 되나요?
이동하는 집이다.

95 무의식이 행하는 잘못은 의식에서 해결이 가능할까?

작은 소리를 들으려면 조용해야 한다.

96 예수님의 사랑은 무엇일까?
식자로만 알고 있지 않고 실천하는 것이다.

97 부처님의 자비는 무엇일까?
스스로 얻은 것을 스스로 주는 것이다.

98 살아남기 위해 먹을까, 먹기 위해 살까?
먹는 것이 일이라서 먹는다.

99 오늘의 삶이 행복하지 못할 때는 방법은 있을까?
방법을 구하기 전에 과장을 버리고 목적을 뚜렷이 세워라.

100 값 있는 삶의 근본은 어디에 있을까요?
목적이 참 되어야 한다.

*네가 아는 것*이 많고
*생각*이 깊고 깊어지면 된다

1 **열심히 하는 듯하지만 결국 소득이 없는 것은 왜?**

은이 나올 자리를 파놓고 금 나오기를 바라는 마음이 있었기 때문이다.

2 **어려움을 쉽게 넘기는 법은?**

목적지를 향해 가고 있다고만 생각하고 가노라면 목적지에 닿았을 때에 쉽게 왔다고 생각이 든다.

3 **자신에게 새로운 가능성을 찾는 법은?**

새로운 생각을 먼저 하면 새로운 것이 보인다.

4 **죽음 이후의 세계가 있습니까?**

살기도 바쁜데 사후 세계는 웬 말인고!

5 출가인(出家人)들이 가족도 버릴 수 있는 것은?
가족을 버린 것이 아니라 결혼한 여자와 같은 흐름으로 보아야 한다.

6 남을 이끄는 자가 되는 법?
남보다 많은 것을 깊이 깨우쳐 힘쓰면 된다.

7 가야 할 길에 확신이 안 설 때는 어떻게?
내가 갈 길을 여러 곳을 보고, 다 가려 하지 말고 한 길 만을 잘 선택하면 확신이 보인다.

8 사람마다 따로 정해진 재능이 있습니까?
사람 모두에게는 여러 가지 재능이 있는데, 그중 내가 가장 많이 접하고 생각한 것이 나의 최고 재능이다.

9 '될 성 싶은 나무 떡잎부터 알아본다'는 말은?
아무리 기름진 땅일지라도 가시나무를 심으면 가시나무만 무성하게 자란다.

10 술 많이 먹고도 덜 취하는 법은?
술 백 말을 백년 동안 먹으면 술이 취하지 않는다.

11 어머니가 자식에게 모든 것을 희생할 수 있는 마음은 어떤 것인가요?

꽃나무가 열매와 씨를 얻으려고 모든 영양을 집중하여 꽃을 피우고 열매를 익혀준 것이다.

12 옛날 사람들은 자의식이 없었습니까? 그래서 행복했습니까?

농부도 행복이 있고 정치인도 행복이 있다. 아픔이 있다면 농부나 정치인이나 똑같다.

13 세상이 공평하고 정의롭고 선으로만 되지 않는 까닭은?

그 어느 누구라도 숨기는 마음을 버리지 못하기 때문이다.

14 남의 생각과 마음을 읽는 법은?

네가 아는 것이 많고 생각이 깊고 깊어지면 된다.

15 자신이 작고 초라해 보일 때는 마음을 어떻게 가져야 할까요?

내 모습이 작거나 크게 보이는 것은 자기 속으로 빠지는 자기 착각이다. 크게 보일 때는 우쭐대며 거만해지는 마음이 생기고, 작게 보일 때는 두려움이 오며 과장하려는 마음이 생긴다. 꼭 작게나 크게 보일 때는 과장을 버리고 나에게 필요한 진리와 도리만을 찾아야 한다.

16 신문, 뉴스에 보면 힘없는 사람들이 부당하게 희생되는 걸 보게 됩니다. 사회는 왜 그럴까요?

희생이나 부당을 탓하기 전에 내가 남을 탓하지 말고 잘못된 사람을 보았을 때 그 사람도 마음이 변하면 참된 사람이 되겠지 하고 깊은 마음을 먹어준다면 참된 빛의 씨앗이 그들에게 들어가서 참된 빛이 성장하고 나는 더 좋은 일이 생긴다.

17 생각을 깊이 하는 법?

나에게 그 무엇이 있고, 그 무엇들이 부족한가를 먼저 생각한 다음, 그 부족한 것을 채울 수 있는 방법을 찾았을 때 확정하고, 확정한 것을 더 깊이 내 안에서 생각을 구해 내어라.

18 사람들에게 인기 있는 사람의 비결은?

인기는 하나의 나, 사람마다 그 독특함이 각각이다. 독특함이란 남들에게는 없는 나만의 재능과 재주이다. 너에게도 그 재능과 재주가 있으니 창조하고 개발하라.

19 창의력은 어디서 나옵니까?

너의 마음속 깊고 깊은 곳에서 나온다. 작은 하나를 크게 쓰기를 원하고 더더욱 깊은 생각을 하고 또 해라.

20 종교, 신, 믿음 같은 것은 무엇인가요?

종교는 지구촌에 먼저 오신 큰 선구자들의 뜻을 알리는 것이다. 큰 선구자의 뜻은 삶을 지혜롭게 살아가는 참 진리이다. 신을 작게 숨은 뜻으로 표현해 보면 소리, 향기, 빛, 맛, 느낌일 뿐이다. 이것을 다시 더 깊은 의미를 두어 신(神)이라 한다. 믿음은 신의 진리를 깨우치는 그릇이다.

21 이보 전진을 위한 일보 후퇴와 그냥 퇴보와 무엇이 다른지?

일보 후퇴는 벽에 못을 박을 때 망치로 여러 번 때리는 거와 같고, 퇴보는 못을 아예 박지도 않은 것이다.

22 미래를 알 수 있습니까?

미래를 알 수 있는 것은 참 진리를 깨우친 큰 선구자만이 할 수 있는 일이다. 참된 선구자가 아니면 방법이 있다 하여도, 그것은 절대 아니다. 미래를 알고 싶거든 큰 선구자가 되어라. 방법을 몰라도 미래를 볼 수 있다.

23 결국엔 세상에 종말이 있습니까?

내가 죽은 뒤에도 알 수 없겠구나.

24 법을 어기는 게 정말 죄가 되나요?

내가 할 일과 하지 못할 일을 구분 못하는 것이
정말 죄가 되는 것 같구나. 자연의 법을 하나만
이라도 깨우쳐라.

25 사랑도 죄가 됩니까(극단적인 예로 원조교제 등)?

사랑의 깊고 깊은 진리는 크게는 생명의 존엄성
과 생명 보존이며, 작게는 남과 나를 보호하고
아껴주며 안아주는 것인데, 어찌 죄가 되겠는
가? 단 이것을 이용하여 과장된 희소 가치로 활
용할 때만 죄가 되겠구나.

26 왜 사람은 아기일 때가 이렇게 길은가요?

자연의 법이 그러하구나.

27 세상에서 명예를 얻는 것이 의미 있습니까?

명예를 위해서 선구자가 된다면 그것은 구걸 명
예이고, 내가 할 일을 깊고 넓게 했는데 남들이

명예로움을 인정한다면 그 명예는 의미가 있는 것이다.

28 가난하고 고달파도 행복하게 사는 법은?

가난과 부자라는 단어까지도 잊어버리고 고달픔도 당연하다고 받아들인다면, 그것은 문명인이 보는 어리석은 행복이다.

29 '돈을 많이 벌면 뭐하나? 명예를 얻으면 뭐하나?' 이런 생각이 들면 어찌해야 합니까? 나쁜 생각인가요?

문명을 살아가는 인간이라면 한 번쯤은 그래 볼 수 있지만 책임감을 버리고 싶은 마음이 거듭된다면 사람의 탈을 쓴 축생(畜生)이다.

30 사람들에게 믿음과 명망을 얻는 법은?

내가 만나는 사람마다 이익됨을 주고 책임감을 버리지 않고, 정직하게 열심히 살아 간다면 명망을 얻고 믿음을 주는 것이다.

31 부모로서 자식에 대한 의무는 어디까지?

나의 생명이 다할 때까지이다.

32 주변이 소란스러울 때도 마음에 여유를 얻

는 법은?

내가 넘어져 큰 상처가 나더라도 여유를 부릴 수
있는 때와 같다.

33 종교는 가져야 합니까?

종교는 배움의 씨앗을 얻는 것이라 해도 과언은
아니다. 내가 종교를 선택하고자 할 때는 생각을
깊이 하고도 또 해야 한다. 단 종교를 선택하고
자 않는다면, 그 어떤 종교의 말씀이라도 진리이
니, 분별을 갖지 말고 들어두었다가 지혜로 쓰
고, 하나로 통하는 깨우침을 얻어라.

34 하나님과 부처님의 차이는? 더 나은 종교는?

그저 두 분의 말씀은 참 진리이겠지만 원본을 보
지 못해서 평가를 못하겠구나. 더 나은 종교를
찾는 즉시 가르쳐주마.

35 두려움을 극복하는 법은?

두려움은 내가 작게 보일 때와 사리 분별이 안
될 때이다. 삶의 진리를 배우고 깨우치면 두려움
은 사라진다.

36 살인이 죄가 됩니까? 정말 죄가 되는 것은
무엇인가요?

그 어떤 생물을 죽이는 것은 죄가 된다. 개미 한 마리를 밟아 죽이면 나의 세포가 하나 죽는다고 생각하면서 생명의 존엄성을 구해 보아라. 죄가 무엇인지 깨닫게 된다. 또 남을 한 번 업신여기면 나의 세포가 백 개는 잠만 잔다고 생각해 보아라.

37 덕을 쌓는 길?

나의 참된 생각과 말과 행동이 덕을 쌓는 씨이다.

38 지혜를 얻는 법은?

지구촌의 만물은 있는 그대로가 진리이다. 이것을 사리 분별하여 이해하고, 깊이 알고 알맞게 쓰면 지혜인 것이다.

39 사람마다 가치에 차등이 있습니까(나은 사람, 못한 사람)?

인간의 생명의 가치는 같지만, 문명이 인정하는 품위가 달라서 나은 사람, 못난 사람으로 분별할 뿐이다.

40 일본이 많은 죄를 짓고도 지금처럼 잘 사는 나라가 된 이유는?

그 어떤 악도 벌은 보이지 않게 받고 있는 것이

다. 또 악을 막을 준비는 안 하고 저절로 악이니 벌을 무서워하기를 바란다면 더 큰 죄가 되는 것 같구나.

41 절대 진리란 것이 있습니까?

절대는 생명이며 진리는 색도 밝음도 맑음도 향기도 무게도 없는 깊고 넓은 생명수인 마음이다.

42 여자들이 남자들보다 사회에서 열등, 차별 받는 이유는?

태어날 때부터 남녀의 생태 근본은 다른 데가 있다. 또한 인위적인 손해 의식이 열등과 차별을 만들었다. 문명인이기 때문에 최선을 다한다면 차별보다는 동참할 수 있는 기회가 필요하리라.

43 성별 역할에 차이가 원래 있는 겁니까(여자는 밥 짓고, 남자는 밭 갈고 하는 식……)?

차이가 있지 않으려 하여도 차별이 있게 된 것이다.

44 예전엔 모계 중심 사회였다는데 지금처럼 부계 중심 사회가 된 까닭은?

역사가 그러하니까 그렇게 믿을 뿐이다.

45 바람을 피우는 것은 가정에 충실하지 못한 건가요?

개인의 능력이 크고 작음을 떠나서 어찌 가정에 충실했다고 하겠는가! 충실이 모자라도 한참 모자라는 것이다.

46 새로운 것을 창조해 낼 수 있는 힘은 무엇인지요(한글창제 등)?

어려움을 해결하기 위하여 더 큰 어려움을 겪었던 힘이 우리의 선조들에게 세계에서 제일 가는 한글을 창조하게 하였기에 우리가 쉽게 읽고 쓰는 것이다.

47 정말 가치 있게 사는 길은?

한글 같은 것을 창조하여 세계인이 다 쓸 수 있게 한다면…….

48 인연, 업보 같은 미리 정해진 쌓인 것들이 있습니까?

어제까지의 인연, 생업, 죄는 전생이 쌓인 것이며, 오늘은 현생이고, 내일 이후는 후세이다. 쌓는 데로 가고 있구나.

49 사람이나 짐승이나 힘들어도 악착같이 사는

이유는?
생명이 본래 가지고 있는 생명의 보존 가치 기능
이다.

50 좋은 주인 밑의 노예와 살기 힘든 자유인 중 누가 행복한 걸까요?
자유인도 불만이 있다면 불행이다. 동물인 호랑
이도 불만이 없다면 행복이다.

51 세상에 큰 이름을 남기는 사람들의 비결은?
백년도 못 사는 인간이 천년보다 더 깊은 생각을
하고 지은 집은 천년을 넘게 유지하고 있다.

52 타고 난 재능이 있고, 없음은 왜인가요?
모든 재능은 배워서 익힌 것이다. 재능이 없는 것
은 천재라도 익히지 않고, 쓰지 않았기 때문이다.

53 윤회하는 것은 진짜인가요? 지어낸 얘긴가요?
너의 몸속의 피까지도 윤회하고 있다.

54 부모 잘 만나 잘 먹고 잘 사는 사람들은 무슨 까닭에?
부잣집에 태어난 까닭이다. 네가 부잣집에서 태
어났다면 선구자는 못 되고, 깡패 대부가 되었을

것이다.

55 자신을 정확히 볼 수 있으려면 어떻게 해야 합니까?
배우고 또 배우고 실천하며 생각하고 깨우치면 보인다.

56 사람마다 능력의 한계가 있습니까?
능력의 한계는 무한대이다. 게으른 마음이 능력을 멈추게 하더라.

57 책임감이 삶의 굴레입니까?
나의 생명이 다할 때까지 나를 책임져야 하기 때문이다.

58 정말 자유롭게 산다는 것은?
나를 작게 느끼지 않고 크게도 느끼지 않는다면 삶의 자유로움을 얻게 된다.

59 남자, 여자 간에 친구가 드문 이유는?
성별이 다르기 때문이다.

60 선생님이 다른 제자에 비해 저를 혼내지 않는 이유는?

특별히 혼나야 할 이유도 없었지만 너는 다른 제
자들을 통해서 스스로 혼나고 있었기 때문이다.

61 아는 바를 제대로 쓸 수 있는 힘은 무엇인지?

내가 아는 데까지만 과장하지 않고 지혜롭게 쓰
면 된다.

62 선생님이 제자들을 가르치고 돌보는 이유는?

겸손이 아니라, 나는 제자님들을 통해서 가르침
을 주고받는 것이었으며, 돌보았다면 제자님들
을 위한 것이 아니라 나 자신을 위하여 나를 돌
본 것이다.

63 잠을 줄이는 법?

내가 꼭 해야 할 일을 찾으면 잠은 저절로 줄어
든다.

64 다른 사람이 자신에게 평가하는 말을 하면 어떻게 받아들여야 합니까?

나쁘게든 좋게든 평가를 하거든 '감사합니다'
하고는 마음속으로 더 깊어지라는 충고로 받아
들인다면 깊고 넓은 발전이 있을 것이다.

65 어떻게 해야 나를 바꿀 수 있을까?

나는 나인데 어찌 바꾸겠는가? 생각을 바꾸고 어서 빨리 깊고 넓어져라!

66 자신을 정확히 아는 방법은?

네가 배우고 익힌 만큼이 너이다. 더 많이 깊고 넓게 배워라.

67 나이가 들면 생각이 굳어지는 이유는?

생각을 적게 하기 때문이다. 나이가 먹어도 생각을 멈추지 않는다면 지혜롭기만 하더라.

68 남과 자신을 비교하는 것은 바람직한 건가요?

남과 자신을 비교하는 것은 자신을 위한 참고이며, 나의 발전을 부르려는 것이다.

69 퇴근 후 덜 피곤하게 되는 방법은 없습니까?

창조하는 마음을 찾아라. 피곤이 싹 도망갈 것이다.

70 남의 떡이 더 커 보이는 이유는?

내가 작게 보여서이다.

71 의지가 강해지는 방법은?

목표를 악착같이 달성하려는 생각만 가져라.

72 바쁠수록 마음의 여유를 찾을 수 있는 방법은?
바쁘다고 어리둥절하지 마라.

73 부모 자식간에 내리 사랑이라는 것은 당연한 것인가요?
나무의 열매가 씨를 낳는 것과 같다.

74 겁이 날 때도 용기를 내는 방법은?
겁이 나더라도 움직여 버려라.

75 판단이 정확히 서지 않아 우유부단해질 때의 해결책은?
조급한 마음을 버려라.

76 불교에선 뱀을 먹지 말라 하고, 개고기도 먹지 말라고 하는데 왜 그것이 나쁜가요?
뱀이나 개가 가지고 있는 정신의 빛이 사람 마음에 파고들기 때문이다.

77 자식을 제대로 잘 키우는 사람의 비결은?
책임감을 깊이 공부했노라.

78 선생님이 제자들에게 100개 질문을 던진 이유?
가르침을 주고받으려고.

79 큰 부자가 되는 방법은?

부자의 정신을 배우고 또 배워라.

80 덕을 쌓는 방법은?

네가 알고 있는 참된 덕을 더 많이 쌓아 보아라.

81 현실이 우물 안 개구리 같이 느껴질 때는 어떻게 해야 합니까?

높은 산에 올라 가서 산 바다를 보고 나면 알게 될 것이다.

82 자유와 책임은 어떻게 조화를 이루어야 합니까?

자유와 책임감은 공존하는 것일 뿐이다.

83 죄를 많이 지은 사람들이 꼭 죄 값을 치르는 것 같지 않을 때가 많은데, 원래 죄란 없는 건가요?

원래는 죄도 악도 없는 것인데 인간의 행(行) 속에서 죄와 악이 만들어져 버렸다.

84 물욕을 비우는 것과 채우는 것의 차이는? 무엇이 옳은지?

네가 적용할 수 있는 것에 참된 주관을 세워라.

85 **정해진 목표를 달성할 때까지 쉽게 포기하지 않고 지치지 않을 방법은?**

백 리를 일등하는 마라톤 선수의 정신을 보아라.

86 **지혜 있는 자와 미련한 자의 차이는?**

지혜로운 자는 생각이 끊이지 않고 미련한 자는 생각을 버린 것이다.

87 **남자, 여자간에 제짝을 찾아 가게 되는 이치는? '제 눈에 안경'이란 말에 무슨 이치가 있는지요?**

제 짝을 찾는 것은 생명의 근본, 자연적 철학이다. 제 눈의 안경은 내가 본 매력을 따라 가기 때문이다.

88 **의욕적으로 사는 비결은?**

목적을 세우고 게으름을 버려라.

89 **마음의 실체는 무엇인지?**

마음은 우주 및 지구촌의 모든 만물의 생명과 연결되어 있는 생명수이다.

90 **세상이 생명으로 가득 넘치는 이유는? 결국엔 죽게 되는데…….**

바닷물이 생명이고 죽는 것은 고기다. 고기가 죽고 난 뒤에도 고기의 원력, 생명의 씨가 보이지 않게 바다에서 싹 트고 있다.

91 성격을 바꾸는 방법은?
고정관념과 선입견을 버리면 바뀌어진다.

92 자연이나 사회나 먹고 먹히고 치열하게 경쟁하는 이유는?
윤회하고 있기 때문이다.

93 자유로운 사고와 창조력을 얻는 방법은?
하나의 진리를 동서남북으로 사리를 분별해 보면 창조력을 얻는다.

94 말로는 생각을 다 옮길 수 없는 까닭?
말은 생각만큼 섬세하지 못하기 때문이다.

95 사는 모양은 참 다양한데 바람직한 삶의 모습은?
농사꾼은 농사꾼답게 사는 것이 바람직한 삶이다.

96 사람의 욕심이 끝이 없는 까닭은? 원래 생명 갖은 것은 다 그런지?

자존심은 있는 그대로의 나의 정신이고 욕심의 나의 사심이다.

97 자연이나 사회나 다 서로 다르고 다양한 이유는?

이유가 무슨 필요가 있겠는가? 각각 달라야 하기 때문이다.

98 남을 위해 자신을 희생하는 마음은 어떤 마음가짐입니까?

남을 위한다는 것은 나를 더 크게 위하는 것이다.

99 자신을 크게 키우는 지름길은?

큰 목표를 세우기 전에 높은 산에 올라가서 산과 바다를 바라보고 또 바라보며 목표를 깊게 세워라!

1 사람에게는 타고난 팔자, 운명이 정말 있는가요?

나갈 길을 정하는 것이 운명이고, 팔자는 이목구비(耳目口鼻)와 마음, 생각, 정신, 육신을 실천하는 만큼인 것이다.

2 자식은 부모를 버려도 부모는 자식을 버리지 않는다는 말은 맞는 말입니까?

부모가 자식을 외면했을지라도 마음에서는 그 자식을 지우지 못하고, 자식은 비록 부모를 외면하지 않았을지라도 마음에서 그 부모가 지워진다는 의미가 깊다.

3 보고 싶고 그리운 마음이 왜 몸을 병들게 하나요?

해놓은 일도 없고, 할 일이 없는 사람은 그리움과 싸우는 결과를 초래한 것이다.

4 상대방을 편하게 해준다는 것은 상대의 말을 잘 들어주는 것입니까? 아니면 그냥 기다려주는 것입니까?

밭에 심은 콩이 환경이 변한다고 고추가 되겠는가. 성실성이 없는 사람을 대할 때마다 긴장만 하는 것이다.

5 자식이 부모 마음대로 되는 것은 아니지만 부모는 나름대로 욕심을 가지고 기대를 겁니다. 어떻게 해야 자식을 바로 키우는 건가요?

심성을 잘 갖춘 것이 인성이며, 인성이 지식, 견문, 상식, 기술을 해석하는 것이다. 인사성, 침착성, 활동성, 정직성부터 심어주어라.

6 자식은 부모에게는 무조건적으로 자식 도리를 다 하여야 하나요?

충실성이 부족한 사람이 도리를 다했다 하더라도 도리를 다하지 못한 것이다.

7 자살을 생각해 본 적 있습니다. 이기적인 건가요?

행동과 환경이 변한다고 행복한 것은 아니다. 침착성과 성실성으로 심성을 바꾸면 세상이 행복하게 해석된다.

8 원망과 분노를 어떻게 해야 없어지나요?

수용성, 정직성, 침착성이 부족하면 이기심이 결과를 원망과 분노로 해석하는 것이다.

9 자아를 찾고 싶습니다.

지식, 상식, 견문, 기술은 내가 아니고 거름과 같을 뿐이다. 자아는 인성이며, 인성 중에 긴장성, 과장성, 자극성이 길들여져 있다면 잘못된 자아다. 또 인사성, 침착성, 활동성, 지속성, 수용성, 성실성, 적극성, 정직성을 갖추었다면 인성교육이 잘된 사람이고 참된 자아를 찾은 사람이다.

10 부부란 어떤 사이입니까?

부부는 사랑을 가꾸어 가며 행복을 일구어 가는 동반자이다. 다른 부부의 사랑과 행복을 평가하여 자신과 비교하는 미숙함으로 고통을 부르지 말라.

11 사랑해서는 안 될 사랑도 있습니까?

사랑의 근본은 실생활 속에서 희망과 기쁨을 나

누는 것이다. 좋아만 하는 것은 사랑이 아니고 바람일 뿐이다.

12 '안 된다'와 '된다'의 기준은?

실생활에 있어 해가 되는 것은 안 되는 것이고, 그 누구도 해가 되지 않는, 즉 이로운 것은 되는 것이다.

13 잘 산다는 것의 기준은?

최선을 다하여 만족과 행복을 구했다면 잘 사는 것이다.

14 돈이 많았으면 좋겠습니다. 제가 할 수 있는 일은 남편 일 잘 되게 해달라는 기도뿐, 이루어지겠지요?

믿음은 잘될 씨를 심는 것이고, 기도는 씨앗을 싹 틔워 가꾸어주는 큰 능력이다.

15 기도도 마음속으로 합니다. 입 밖으로 소리 내어야 하나요?

어느 쪽으로 하더라도 성실성과 참을성, 지속성으로 하여야 한다. 욕심으로 기도하는 것은 괴질성이다.

16 기대하지 않는 것과 아예 포기한다는 것의 차이는 무엇입니까?

어머니 등에 업혀 가지 않고 따라 가는 것은 기대하지 않는 것이고, 어머니를 아예 따라 가지도 않는 것은 포기하는 것이다.

17 남을 의식하지 않고 나 자신만을 위해 살고 싶습니다.

잘난 체하는 어리석음은 남을 의식하는 것이고, 현실성, 정직성, 침착성은 자신을 가꾸어 가는 것이다.

18 '열등감' 과 '주눅' 은 어디에서 비롯되나요?

열등은 자기가 잘났다는 어리석음이 낳았고, 주눅은 현실을 부정하는 마음에서 비롯된다.

19 부부로 만남은?

지식과 상식과 문화가 다를지라도 심성이 음양을 이루면 부부가 된다.

20 부모, 자식간의 만남은?

인성의 씨가 자식이 되는 것이다.

21 부모가 자식에게 부담을 주지 않는 삶이란?

창의성이 있는 부모는 자식에게 부담을 주지 않는다.

22 자식이 부모에게 부담을 주지 않는 삶이란?
긴장성, 과장성, 민감성이 없어야 하고, 정직성과 충실성, 적극성이 있어야 한다.

23 화를 내는 것이 모든 병의 근원이라 하셨는데 화가 나도 참는 것이 옳은 건가요?
긴장성과 과장성은 화를 부르며 병을 들게 하는 씨이고, 참을성과 침착성은 희망을 부르고 행복을 만드는 씨이다.

24 화를 내지 않고도 살 수 있으려면?
수용성과 참을성, 침착성을 심어라.

25 잘못을 하고서도 적반하장으로 화가 나는 것은?
공격성과 과장성이 심어져 있기 때문이다.

26 몸이든, 마음이든, 고통스러움을 느끼는 것은?
수용성이 부족하면 마음과 몸이 뒤틀어지는 것이다.

27 상대방이 미워질 때는 어떻게 할까요?
자극성과 민감성을 버리고 현실성을 찾아라.

28 증오심은 어디에서 생겨나오는가요?
침착성, 성실성, 창의성은 괴질을 버리고 활동을
키우는 근본이다.

29 질투란 무엇인가요?
긴장성, 자극성, 민감성이 과함을 부르고 사고를
얻는다.

30 시기는 무엇인가요?
미숙함을 과장하는 어리석음이다.

**31 상대방에게 표현 없이도 나 자신을 알릴 수
있나요?**
싫어하는 마음은 표현 없이도 느낄 수 있는 것과
같다.

**32 그저 바라 볼 수만 있어도 좋음을 사랑이라
표현해도 될까요?**
경치 좋은 거대한 산은 밝고 맑은 마음이 들어
공경하는 것이고, 오염시키지 않는 것은 사랑이
라고 말할 수 있다.

33 집착은 무엇인가요?

열리지 않는 문을 잡고 있는 것과 같다.

34 나 자신을 스스로 사랑하고 싶은데?

논밭에 남과 내가 좋아할 수 있는 과일과 곡식을 심었다면 당연히 잘 가꾸게 되는 것이 자신을 사랑하는 것이다.

35 부부는 무엇으로 삽니까?

미국 사람은 빵과 고기로 살고, 한국 사람은 밥과 나물로 산다.

36 부부간의 마음이 아닌 몸의 배신이 용납될 수 있는 건가요?

상처가 나지 않은 것은 배신이 아니다. 생기지도 않은 상처가 날까봐 두려워하지 말라.

37 남의 떡이 더 커 보이는 마음은?

떡 맛을 모르는 이는 크기와 빛깔만 좋아하는 것이다.

38 사람은 왜 가질 수 없는 것에 더 욕심을 가지는 걸까요?

호기심만 있고 가꿀 줄 모르는 사람은 남의 열매

를 탐한다.

39 자기 마음이 변하는 것을 자기 스스로도 모를 수 있나요?

환경이 변하는 것은 느낄 수 없어도 식성이 변하는 것은 느끼는 것이다.

40 남편이 있어도, 자식이 있어도, 할 일이 많은데도 외롭다고 느껴지는 것은 어른 말씀처럼 복에 겨워하는 짓거리인가요?

행복이 몸 안에 있지 않고 몸 밖에 있다고 착각하기 때문이다.

41 할 일을 찾고 싶은데요?

큰 것부터 구하지 말고 작은 것부터 찾아라.

42 왜 우리는 잊고자 하는 것은 잊지 못하고, 잊지 않고 기억하고 싶은 것은 잊는 걸까요?

목적이 마음으로만 간다 한들 길도 없는 것이고, 마음으로 떡을 먹은 것은 기억 속에만 남아 있는 것이다.

43 전생은 있는 겁니까?

현실이 부족한 사람은 전생도 부족한 것이다.

44 화목한 가정, 부, 명예, 건강까지 다 가진 이들이 부럽습니다.

화목은 성실의 씨이고, 가정은 수용성의 씨이고, 부는 적극성의 씨이고, 명예는 정직성의 씨이며, 건강은 창의성, 침착성, 활동성의 씨이다.

45 '개천에서 용 난다' 라는 말이 요즈음 세태에도 적용될 수 있을까요?

개천은 좁고 작은 것부터 시작하여 멀고 넓고 깊은 곳까지 흘러가는 것이다. 작고 좁은 것부터 이루고 가꿀 줄 아는 사람은 '개천에서 용 났다' 는 소리를 듣게 되는 결과를 이룬다.

46 '잘 산다' 라는 말을 선생님 풀이대로라면?

이 세상에 크고 작은 동식물은 각자가 건강하게 잘 살더라. 크고 작음을 함부로 평가하지 말라.

47 남편하고 의견 충돌이 났을 때 젊은 시절에는 옳고 그름을 밝히고 넘어갔는데 요즈음은 그냥 입 다물고 뜻에 따라갑니다. 내가 없다는 생각이 듭니다.

돌은 바람에 흔들려도 제자리에 있고, 낙엽은 바람에 흔들리지 않아도 제자리가 없는 것이다. 미숙함은 어리석음도 아니다. 가꾸어라.

48 자식을 자식의 뜻에 따라 이끌어줘야 됩니까? 아니면 부모의 뜻(욕심)도 같이 하면 안 되나요?

자식의 뜻이 그릇되지 않았는데 부모의 욕심을 더하면 자식을 그르치는 것이다.

49 아무 생각 안 하고 아무도 없는 곳에서 쉬고 싶을 때는?

해놓은 일이 없고 할 일이 없는 사람은 쉬는 방법을 몰라 허둥대는 것이다.

50 노숙자들을 어떻게 생각하십니까?

작은 것을 버리고 큰 것만 구하다가 지친 사람이라고 본다.

51 나이 들어 간다는 것은?

철이 물들어 다져지는 것이다.

52 병들어 몸을 가누지 못해도 다른 이에게 얹혀서라도 살아야 되나요?

단언하는 성품은 참을성과 침착성이 부족하며, 조급성만 발달하여 불안에 떤다.

53 사랑을 받는다는 것은 무엇이고, 사랑을 준

다는 것은 무엇입니까?

"식사하셨습니까?'는 사랑을 할 준비이고, "식사 전입니다"는 사랑을 받을 준비이다.

54 성자의 말은 이해가 되지 않아도 무조건 받아들여야 합니까?

구구단을 이해는 못해도 외우다 보면 이해하는 것과 같이 성자의 말씀은 씨앗이 담긴 진리이다.

55 머리로는 이해가 가는데 가슴으로 이해가 안 될 때는?

과일을 보고 향기를 느꼈을지라도 먹어 보지 않았더라면 그 맛을 모르는 것이다.

56 공덕을 쌓는다는 것은?

머리로 떡을 먹지 말라. 색깔도 보이지 않는다.

57 공덕을 갚는 길은?

인성을 가꾸고 실천할 것을 배워두는 것은 실천을 행하는 것이다. 곧 공덕을 쌓는 것이다.

58 몸에 밴 습(褶)은 버릴 수 없다 하셨는데, 그래도 노력하고 지적 받으면 고칠 수 있나요?

심성은 마음을 다스리는 근본이다. 인성을 가꾸

어라.

59 인정하는 것은 무엇이고, 인정받는다는 것은 무엇인가요?
실천이 있는 것은 인정하는 것이고, 실천하려는 것은 인정받는 것이다.

60 좋은 말씀을 들었을 때 가슴에 담고 실천에 옮기려 하지만 정작 잊고 행동을 합니다. 어떻게 잊지 않고 말씀대로 살 수 있을까요?
인성이 실천을 유도하는 것이니 기술에 의존하지 말라.

61 남에게 피해 주지 않고 살고 싶은데요?
창의성과 적극성, 충실성은 이루는 것이다.

62 칭찬은 어떤 것입니까?
현실성과 충실성이 있는 사람은 기쁨을 줄 줄 안다.

63 '고집'과 '아집'의 차이는 무엇입니까?
고집은 움직이지 않는 것이고, 아집은 자기 상식 속에서만 뱅뱅 도는 것이다.

64 처음엔 호기심, 다음 경외심, 다음 반발심, 다음 존경심을 가지게 되었습니다. 정작 선생님은 누구신지요?

미숙함이 호기심을 부르고, 현실감이 경외심을 부르고, 공격성, 즉 못 본 척과 잘난 척은 반발심을 부르고, 충실성이 존경심을 부른다. 나는 이로움과 해로움을 가릴 줄 아는 자이다.

65 물질적으로나 마음적으로나 조금이라도 갚고 싶은데 저한테 보은할 여유가 올까요?

믿음과 기도는 보은의 여유를 크게 얻게 만든다.

66 포용하고 수용한다는 마음 자세는 어떤 것입니까?

수용은 심는 것이고, 포용은 가꾸어주는 것이다.

67 깊고 넓은 마음을 갖고 싶습니다.

깊고 넓은 마음은 심성과 인성이 다스리는 것이다.

68 엄마의 마음 가짐(욕심)이 아이에게 그대로 가서 아이도 결국 남을 의식하는 사람이 된다 하셨는데요. 엄마는 진정 어떤 마음으로 자식을 키워야 할까요?

심성은 하나이고, 인성은 많고 많은 것이다. 이로움과 해로움을 정직하게 가리는 정신은 올바른 심성이다. 믿음과 기도로써 정화하라.

69 사람이 살아 가면서 스승으로 모셔야 될 분을 어떻게 알아볼 수 있을까요?
굴곡이 많은 것이 큰 산이며 큰 산은 먹을 거리가 다양하다. 또 평지 같이 잔잔한 것은 야산이다. 그곳은 먹을 거리도 단순한 것이다.

70 인간적인 삶은 어떻게 사는 것인지요?
이성을 인정받는다면 인간적인 삶이다.

71 '애착' 과 '미련' 의 차이는 무엇인가요?
어머니 손을 붙잡고 놓지 못하는 것이 애착이고, 어머니 손을 붙잡고 싶은 것이 미련이다.

72 사랑이란 무엇입니까?
식사를 삼 시 세 때 거르지 않는 것도 자기를 사랑하는 것이고, 지적을 받을지라도 배우려는 마음가짐은 사랑을 받는 것이다.

73 사랑하던 마음이 변하면 왜 큰 미움이 되나요?
배고프지 않은 사람에게 밥을 먹으라고 권하고

서 상대가 안 먹는다고 거부하면 억울한 것은 사랑이 아니고 원망이다.

74 부모 복이 없으면 남편 복과 자식 복도 없다는 말을 하는데, 그런 말은 왜 나왔나요?

복은 인성이 불러들인다. 그리고 그 인성은 부모가 다스려주는 것이다.

75 서로 없으면 못 살 것 같이 좋아 하다가 살다 마음이 변하는 것은 왜?

물이 좋아서 물 속에 뛰어 들어가도 수영을 못하면 허우적거리고 빠지게 된다.

76 인연법은 꼭 있는 건가요?

인성이 인성을 만나 음양이 맞지 않으면 살아도 죽어도 인연이 아니다.

77 업은 무엇인가요?

진실을 도우면 선업, 과장을 도우면 악업이다. 따라서 자신의 모든 행위의 결과가 업이다.

78 내 자신이 못나 보일 때나 스스로에게 던질 수 있는 힘 있는 외침은?

미숙함은 어리석음도 주눅도 아니다. 더 좋아

져라!

79 무얼 하고 있는지 나 자신이 살아가는 방향을 잃을 때가 있어요.
그 무엇도 처음 배우고 익히는 데 더듬거리는 것이다. 조급하면 실패한다.

80 자식이 뜻을 이루도록 이끌어줄 수 있는 부모가 되고 싶어요.
사람은 물질을 주지 않아도 줄 것이 많고 많은 것이다. 심성을 올바르게 심어주는 것은 터와 씨를 주는 것이다.

81 자식의 마음도 몸도 건강하게 해주고 싶어요.
걱정하는 마음은 긴장성만 길러주는 위험이 있다.

82 정말 싫고 미운 사람과도 화해해야 하나요?
불편한 마음으로 사람을 대하면 불행을 면치 못한다.

83 해바라기 사랑은 상대가 알면 부담을 주나요?
향기가 있는 곳에는 희망과 기쁨이 모이는 것이다.

84 **'모르면 약, 알면 병'이라는 말을 어떻게 생각하세요?**

그리움을 알면 외로워지고, 외로움을 모르면 행복해진다.

85 **희망은 찾아 가야 하나요? 찾아 오나요?**

창의성과 활동성, 충실성은 희망을 부른다.

86 **삶은 예견되어 있는 건가요?**

삶은 마음속으로 그리고 있던 것이 실천으로 나타난 것이다.

87 **죽음도 예견되어 있는 건가요?**

목적이 가는 대로 나타나는 것이다.

88 **질서란 무엇인가요?**

한 그루의 거목은 씨부터 시작하여 싹이 나고 성장하여 꽃 피고 열매 맺는 것이다. 이것이 질서이다.

89 **마음은 왜 변하나요?**

마음은 변하는 것이 아니라 생각과 심성이 변하는 것이다.

90 부부는 무엇으로 살아야 되나요?

부부는 인정과 덕으로 사는 것이다.

91 치매는 왜 오나요?

치매는 기력을 과하게 소모시켰을 때 들어온다.

92 불쌍하다는 감정은 어디에서 오나요?

인정과 동정이 어우러져서 오는 것이다.

93 '자기를 버리고 죽어야 영생을 얻는다' 는 기도문이 있는데, 어떤 뜻인가요?

견문, 지식, 상식, 기술과 물질은 엄밀히 말해 내 것이 아닌 자연의 것이다. 모든 것이 내 것이라는 감정을 버려야 삶이 자연의 것임을 알게 되는 것이다. 나의 원망과 분노가 자기 것이라고 생각할 때는 고통스럽다. 그것을 버렸을 때 내가 죽은 것이고 다시 밝고 맑은 생활을 할 때 영생을 얻는다는 의미가 깊다.

94 풍족함은 어디에서 찾아야 하나요?

자연의 모든 것이 전부 내 것이라고 느껴지면 얼마나 풍족할까!

95 살면서 어떨 때 마음 아프셨나요?

내 것이 부족하다는 생각을 붙잡고 있었을 때만……

96 잃어버린 건강을 되찾을 수 있는지요?

건강은 잃어버리는 것이 아니라 건강을 찾아 가는 것이다. 건강을 잘못 찾아 갈 때 병을 얻는 것이다. 잘못 찾지 말라!

97 미래에 대해 생각하면 무언지 불안해집니다. 미래에 대해 희망을 가지고 싶습니다.

현실과 과거에 너무 염려와 집착하지 말라. 미래가 흩어지는 것이다.

98 죄란 무엇입니까?

이로움과 해로움을 모르면 꽁꽁 엉겨붙어서 풀리지 않는 것이다.

99 후회란 무언가요?

진실이 흩어진 것은 진실이 아니다.

100 이 세상 떠날 때를 예측할 수 있을까요?

상상으로 모든 것을 알려 하지 마라. 모든 것을 그르치게 되는 위험이 있다. 때가 되면 자연히 알게 되는 것이다.

나의 과장됨을 *버려라*……

1 마음 공부는 왜 해야 되나요?

엉클어진 정신을 바로 세우고, 인간의 아름다운 완성을 공부하는 것이며, 자연의 질서를 더 깊이 터득하는 것이다.

2 욕심은 어떻게 버립니까?

열 나무를 심고 가꾸어서 열 나무의 열매를 얻으려 하는 것은 욕심이 지극히 정상이고 아름다운 것이나, 한 나무를 심고 가꾸어서 열 나무의 열매를 얻으려 하는 것은 욕심이 지극히 과한 것이다.

3 어렸을 때 도둑질하는 습관이 심했던 사람의 미래는?

훔친 물건은 연기처럼 사라져 버리는 것이며, 또 자기의 소원도 절대로 이루어지지 않는다.

4 사람을 미워하는 마음은 어떻게 돌려야 합니까?

내가 남을 한 번 미워한다면 나는 백 사람에게 미움을 받을 일이 생긴다.

5 자연의 이치를 깨달으려면 어떠한 마음으로 생활해야 합니까?

바람이 불 때 바람을 맞아 보고, 그 영향이 어디까지 미치고 있는가를 최소한 오만 번을 생각해 보아라. 바늘귀만큼 알게 될 것이다.

6 부모님께 순종하면서 자라난 아이의 부족한 점?

부모님께 순종하였다 함은 공경심과 존경심을 간직함이다. 이런 아이는 남을 공경하고 존중할 줄을 알게 되어 크게 성공하리라. 만약 이 아이가 가식된 마음으로 순종했다면 불행이 기다리고 있다.

7 부모님께 순종한 아이는 미래에 어떤 복을 받습니까?

때 묻지 않은 명예와 재물의 복을 받는다.

8 내가 한 일에 대한 대가를 구하지 못하는 마

음에는 어떤 점이 부족한 것입니까?
남의 부족하지 않음을 이전에 험담한 대가이다.

9 <u>스스로를 인정하려면 어떤 힘을 길러야 합니까?</u>
타인의 잘함과 잘못함을 비교하지 말아야 하고, 나의 발전해 가는 모습을 즐길 줄 알아야 한다.

10 <u>스스로를 인정하기 위해서 자신의 장점을 찾아내 발전시킬 수 있는 방법은 무엇입니까?</u>
그 어떤 것도 생각할 수 있고 행할 수 있는 것이 최대 장점인 것이며 하나를 깊고, 깊게 생각하고 실천해야 한다.

11 타인의 장점을 보기 위한 마음 가짐?
타인의 장점은 그것이 나에게도 있는 것일지라도 다시 보고, 듣고, 생각하면 새로워진다.

12 자신의 단점을 깊숙히 반성하는 힘?
나의 지나간 과거의 잘못은 쓸데없는 쓰레기이다. 앞날을 위해 자신에게 변명하지 말아야 하고, 거듭 진실을 얻어 실천해야만 한다.

13 자식을 잘 키우려면 부모는 어떤 마음으로

자식을 바라보아야 합니까?

자식을 바라보는 마음은 고정관념이 있어도 아니 되고, 자식의 소질과 장단점을 자상하게 살펴보며 기대에 찬 조급한 마음을 버리고 지속적인 관심을 가져야 한다.

14 좋은 생각을 더 좋게 하려면?

좋은 생각이 깊으면 잘못을 모르는 착각에 빠지는 위험도 있다. 좋은 생각도 내가 잘 하고 있는지 의심을 깊이 해보아야 한다.

15 '지식 증폭'은 어느 정도 수준에서 이루어집니까?

나무가 서 있다는 사실만 아는 것도 지식이다. 증폭은 바람에 의해 나뭇가지가 부러질 때 '아!' 하고 끝없는 생각을 거듭해 냈을 때이다.

16 '수고하셨습니다' 란 답례는 어떤 상황에 맞습니까?

내가 마음에서 바란 것과 바라지 않은 것까지 남이 나를 위해 한 작은 수고일지라도 인사하는 것이다(고마움과 칭찬의 표현이 과함은 나의 이기심의 발산이다).

17 예쁘다거나 잘생겼다는 말에 '고맙습니다'
란 답은 적당한가요?

지나치지 않다.

18 상대를 보호해 주는 것이 나를 보호하는 길
이라고 선생님께 배웠습니다. 그러나 그것
은 나중 문제고 그런 상황에서 손해 보는 느
낌을 먼저 어떻게 극복합니까?

봄에 곡식을 심어 가을에 거두는 이치를 깊이 따
져 보아라.

19 구구단 외우기처럼 마음 공부나 자연의 이
치를 깨닫는 것에도 공식이 있습니까?

공식을 만들어줄 수도 있지만 한계를 만나 더 발
전할 수 없는 위험을 벗어나지 못한다. 있는 것
을 그저 의심하여 따져보는 것이다.

20 없다면 왜 없습니까?

없는 것도 아니고 있는 것도 아니기 때문이다.

21 남의 잘못은 쉽게 알면서 자신의 잘못을 잘
못으로조차 여기지 못하는 것은 마음의 어
떤 장애입니까?

볼 것을 보지 못하고, 들을 것을 듣지 못하고, 닿

을 것을 닿지 못하고, 먹을 것을 먹지 못하는 장애가 생길 것이다.

22 짚신 터럭 뜯는 정신을 다시 듣고 싶습니다.
아버지가 아들에게 생명을 보존하는 정신을 깨우쳐주기 위함이다.

23 작은 것을 소중히 여기는 사람이 성공한다는 선생님의 말씀은 언뜻 고개는 끄덕거려지지만 생각할수록 모르겠습니다.
작은 포도 씨 한 개를 심고 정성을 들여 가꾸면서 관리를 잘 해주면 포도나무가 죽기 전까지 많은 포도송이를 맺게 해주는 이치를 따져 보아라.

24 자신의 입장을 변명하려고 남을 헐뜯었을 때 그 벌은 어떤 식으로 언제쯤 받게 되나요?
상대의 아픔이 지워지는 날부터 이유 없이 불행을 크게 맛보게 되는 것이다.

25 남을 인정해 주는 마음이 과하면 어떤 문제가 생기나요?
내가 하는 일마다 손해를 보는 일이 많이 생긴다.

26 자기도 모르는 사실을 마치 아는 것처럼 남

에게 전했을 때 그것은 도둑의 마음이라고 하셨습니다. 그런데 들은 사람이 크게 쓴다면 그 죄가 줄어들거나 없어질 수도 있습니까?

그 말을 듣고 새로움을 크게 얻은 사람은 그 먼저 믿음의 기도를 했던 것이 이루어진 것이다. 거짓말을 한 사람은 밭에 심은 곡식이 메마름을 겪는다.

27 남을 좋은 길로 이끌려면 나의 어떤 부분부터 공부해야 되나요?

배움을 가까이 하고 노력과 실천을 지키고, 게으르지 말아야 하며, 자만, 기만, 교만, 아만하지 말고 자기 착각에 빠지지 말라.

28 행하지 못할 사람한테 알음알이를 전하는 것도 큰 잘못이라 하셨습니다. 이미 말해 버린 뒤라도 어떻게 해야 합니까?

행하지 못할 사람에게 전한다는 것은 나의 깊이가 없음이다. 나의 얄팍한 마음이 기쁨을 낸 것이다. 더 깊이 생각하고 진실되어라.

29 복 받을 소리, 복 받을 일만 하는 사람은 자신도 모르게 하고 있는 것입니까?

크고 작은 덕담은 서로에게 덕을 쌓는 기회다. 이익됨이 돌아오는 알음알이를 주고받는 진실인 것이다.

30 그런 것은 어느 시기에 누구한테 가장 영향을 받은 것입니까?

덕담을 하는 기쁨도 있고, 실천하는 즐거움도 있으며, 남의 기쁨과 나의 발전하는 행복이 자연스럽게 오는 것이다.

31 운전 중 다른 사람에게 양보하느라 또 다른 사람한테 정신적인 스트레스를 준 것도 벌을 받나요? 특히 자연의 법칙에 의해서 어떤 벌을 받는지 궁금합니다.

작은 상처는 쉽게 아무는 것이고 작은 상처도 많아지면 흉악한 흉터가 된다.

32 너무나도 고마운 일이 있었는데 보답할 처지도 못 되고 입으로도 차마 말을 못했습니다. 혹, 할 말을 하지 못한 대가를 받나요?

지극히 고맙고 감사한 것을 표현하지 못한 것은 아만이 꽉 찬 마음이다. 그것은 인색함과 같아서 나의 소원이 이루어지지 않는다. 단 꼭 갚으려는 마음이 간절하면 그렇지 않다.

33 남녀관계에서 버림받은 사람과 버린 사람은 나중에 어떤 대가를 받나요?

가지 많은 나무가 바람에 찢겨져 상처를 입고 치유가 되지만 중심 잡고 서 있기 힘든 고통을 겪는 것이다.

34 선생님께서 부르신 통일노래 중 '소리 시간 버리고는 할 일이 없다' 라는 가사가 있습니다. 소리 시간을 버리면 왜 할 일이 없습니까?

대화의 중단과 게으름은 시간이 흘러 가고 있지만 발전의 변화가 없다는 뜻이다.

35 또한 소리 시간을 왜 어떻게 버리는 것인지도 모르겠습니다.

의미를 느끼고도 남의 마음을 흔들어보는 사람은 곧 시간과 소리를 버린 사람이요, 고통을 부르고 있는 사람이다.

36 3분 예술은 행복을 만난다고 하셨는데, 제일 먼저 만나는 행복은 무엇입니까?

가요는 보통 3분대의 예술이며 설득 능력이라고 표현해도 과언이 아니다. 노래 한 곡으로 삶의 희로애락을 즐기기 때문이다.

37 깊이를 깨닫는 데는 왜 한글이 최고입니까?

인간의 생명과 삶의 원숙함, 존엄성으로 따져본다면 혀끝에서부터 생명의 삶과 죽음을 관장한다고 볼 수 있다. 한글은 혀가 가지고 있는 진리를 토대로 글을 만들었고 글이 있기 전에 말이 있었으며, 말이 만들어지기 이전이 소리인데, 소리가 나오면서 자연의 모든 표현은 만들어졌고, 그것이 다시 말과 글로써 표현되어 의사 소통이 이루어지고 뜻을 전달할 수 있게 되었다. 또한 생각까지도 자기 표현을 고정된 틀에 얽매지 않고 자유로이 말로써 구사할 수 있게 되어 감정을 쉽게 전달할 수 있게 되었다.

38 한글을 매일 접하는데도 도무지 알 수 없는 까닭은 무엇입니까?

생각이 깊지 못하기 때문이며 암기식 공부에 길들여져 있기 때문이다.

39 아는 척을 하고 싶어 말이 많아질 때 그 마음을 어떻게 없애나요?

아무리 모방을 한다 할지라도 나의 지식과 견문만큼 뿐인 것이다. 십 리도 못 뛸 사람이 백 리를 뛸 수 있다고 자랑한다면 비웃음을 면치 못하고 허덕이는 삶을 면치 못한다.

40 선생님께서 이 시대는 사람이 사람을 보고 깨우쳐야 한다고 하셨습니다. 어떤 마음으로 사람을 봐야 그 공부가 될까요?

한 사람을 관찰하여 보면 같지 않음이 없다. 그 실천과 행이 많고 적음을 알 수 있고, 오염되고 깨끗함을 알 수 있다.

41 선생님의 글 '불행이 가는 길'에 근심은 걱정이며 아첨이고 비굴하다는 말씀이 있습니다. 어째서 근심은 아첨이고 비굴한 건지 설명을 듣고 싶습니다.

어른이 어린아이와 같은 생각과 행동하는 것이다.

42 제 갈 길을 정하지 못했다면 선구자의 길을 택하라고 하셨습니다. 그 길을 가려면 저의 어떤 장점과 단점을 보아야 하나요?

선구자는 나의 장점과 단점을 분별하는 것이 아니다. 배움을 가까이하고 깨달음을 얻어서 모든 일을 이롭게 돕는 것이다.

43 거듭 변명하는 습관이 쌓여 돌아오는 벌은 어떤 것입니까?

남을 괴롭히고 나를 더럽히고 또 더럽히는 것이다.

44 과거의 죄를 씻을 수 있는 가장 좋은 방법은 무엇입니까?

기도를 깊이 하고 믿음을 갖고, 나를 정화시키고 또 정화를 시켜야 한다.

45 선생님께서 제게 주신 화두는 진실입니다. 지금까지 무조건 진실, 진실……, 자나 깨나 외울 뿐입니다. 그러다 보니 진실이 도대체 뭔지 답답증에 견딜 수가 없을 때도 있습니다. 답답증마저도 없애야 되나요?

진실이 내 눈 앞에 보일지라도 참 진실을 행하고 있는지 나를 의심하고 또 의심하여라. 답답은 조급하다는 증거이다.

46 답답증을 없애는 방법을 알려주십시오.

한 톨의 씨앗의 싹이 바위틈을 뚫고 나오는 힘을 얻어라.

47 '마음에 둔 것이 실상이요, 보이지 않는 것이 그 증거'라는 예수님 말씀을 제 수준에 맞추어 설명 듣고 싶습니다.

마음에 둘 수 있는 것은 내가 보았던 것과 들었던 것과 행했던 것과 맛보았던 것의 실상이었다. 생각해 본 것이 밖으로 나타나는 것이 증거인 것이다.

48 이유 없는 불만을 없애려면?
나의 과장됨을 버려라…….

49 이유 없는 불만이란 표현은 선생님께서 만드신 것입니까?
그 어디에도 없는 단어라면 분명히 내가 만든 것이다.

50 선생님께서 작사하신 노래 중 '목적을 지켜봐요'라는 말은 목적을 달성하기 위한 계획이나 목적이 뚜렷해야 한다는 뜻과 같은 의미인가요? 아니면 다른 뜻인가요?
내가 나를 보고 기다리는 심정이다.

51 우리 인체와 우주와의 연결점이 왜 배꼽이 되었나요?
모든 동식물이 그러하고, 배꼽을 의지하고 태어났기 때문이며 배꼽의 힘이 없으면 기력이 없다.

52 선생님께서는 그것을 어떻게 아셨는지요?
그 무엇이 어떻게 생겼는가에 깊고 깊게 빠져 본 경험이다.

53 미래의 소리는 입력이 되어 있지 않기 때문에 들을 수 없고 계산법으로 풀라고 하셨는데, 그 계산법은 언제 배우나요?

배워 가고 있지 않는가.

54 생각이 곧 소리라고 하셨는데, 왜 생각이 소리인가요?

사람의 귀로 들을 수 없는 소리를 전자파라고 하며, 과학의 기계로도 들을 수 없는 소리를 신이라고 나는 본다. 신이 모든 사물에 숨어 있으면 생각이며, 생각은 소리의 씨이다. 물체를 때리면 생각이 튀어나와 소리로 증폭되는 것이다.

55 몸을 유연하고 강하게 만들기 위한 가장 쉬운 방법?

바람을 많이 맞은 나무가 건강하고 유연하다. 바람이 몸에서 일어나게 부드러운 운동을 하여라.

56 의심이 없는 믿음은 모든 것을 잃고야 만다고 하셨는데 짧은 제 소견으로 믿음에 의심이 있다면 더 이상 믿음이 아니라는 생각이 듭니다. 무엇을 잘못 생각하고 있는 것일까요?

믿음은 뿌리와 같고, 의심은 나무와 같다. 잘 가

꾸어지고 있는지 확인하고 또 확인하는 것이 의심이다.

57 마음 자리를 키우는 자업에 순서가 있다면 첫 번째 단계는 무엇입니까?
곡식을 가꾸는 땅에 난 잡초와 가시나무를 먼저 뽑아 버리라는 뜻이 깊다.

58 본심이 밖에 있는 것을 어떻게 확인할 수 있나요?
본심은 보고 먹은 것을 똥 싸는 것이다.

59 마음을 비운다는 것?
말이 많은 사람은 말을 줄이는 것이다.

60 마음은 왜 비워야 하나요?
어항 속의 썩은 물고기를 버려야 하는 것이다.

61 마음은 어떻게 비웁니까?
말씀을 아낄 줄 알면 볼 것과 들을 것이 많아진다.

62 귀도 멀리서 들린다고 생각하고 듣는 것이 마음이 밝아지게 하는 공법이라 하셨습니다. 그렇게 생각만 하다 보면 알게 되는 것인지

다른 훈련법이 있는 것인지 궁금합니다.

멀리 있는 명산은 가까이 가 보고 싶은 마음이 깊어지는 것이며, 언젠가는 그 명산을 직접 가 보게 되는 것이다.

63 연기법에서 비실비실한 역을 한 사람은 정말 그렇게 된다고 하셨습니다. 그런데 '이것은 어디까지나 연기이다. 나는 그렇지 않다'고 계속 생각을 굳히면 비실비실한 사람이 되지 않을 수도 있나요?

몸을 흔들면서 말하는 사람은 생각도 흔들리면서 하는 것이다.

64 보시는 무엇인가를 바라지 않고 남을 도와 주는 것이라고 하셨는데, 나도 모르게 바라는 마음이 생겼다면 보시를 하지 않은 결과를 만든 것뿐인가요? 아님 다른 벌이 또 있나요?

남에게 불만을 품고 괴로워하는 죄이다. 나도 모르게 떠오르는 것은 숨어 있는 감정이다.

65 사람의 마음이 변하는 것은 원칙이나 변하지 않으려고 노력하는 것이 최대의 도리라는 부처님 말씀에서 원칙과 도리를 힘으로

나타낼 수도 있나요? 그 힘은 동등한 것입니까?

변하는 것은 살아 가는 과정의 원칙이다. 생명은 끝까지 보존하고 죽은 뒤에라도 욕을 먹고 싶지 않는 심지를 가꾸고 지키는 것이 도리이다.

66 불경에서 부처님의 오색 소리는 어떤 것들입니까?

진실만을 나타내는 소리이다.

67 오색 향기?

참된 향기만을 내는 향이다.

68 오색 빛깔?

정직한 곳에 비치는 빛이다.

69 밝고 맑은 것이 얼마만큼이나 큰 힘이기에 부처님께서는 그토록 크게 많이 표현 하셨을까요?

나의 생명 만큼이다.

70 남자는 '선남자', 여인은 '선여인' 으로 말씀 하신 부처님의 큰 뜻은 무엇입니까?

모두가 소중하고 귀중하며 참된 생명이라는 뜻

이다.

71 거기서 우리는 무엇을 배워야 하나요?

생명을 엄숙하게 지키며 가꾸어 나가는 것을 깨
달아야 하고 행하여야 한다.

72 '인덕'에 대해서 다시 한 번 듣고 싶습니다.

인은 사람이고 덕은 사람의 할 도리를 익히고 배
워주며 배우고 진실되게 실천하는 것이다.

73 더 잘 보이려는 마음은 어떤 결과를 가져오나요?

밥이 잘 되었는데도 불을 더 땐다면 그 밥은 다
타버릴 것이다.

74 그 마음을 없애는 가장 좋은 방법?

나만큼만 진실되게 실천하면 배움이 깊어지며
정화되는 것이다.

75 찰나의 이치를 잘 보면 초능력이 생긴다고 하셨는데요. 찰나의 이치는 어떻게 볼 수 있나요?

무엇을 착각하며 보고 있을까 나를 의심하고 또
의심해 보아라. 보일 것이다.

76 저의 화두 '진실'을 터득하기 위해서 무조건 반복하는 힘이 큰 건지 그렇더라도 일정 기간이 반드시 필요한 건지 꼭 여쭙고 싶습니다. 다른 중요한 공부법을 제가 모르고 있나요?

내가 심은 콩은 때가 되면 싹이 나온다. 그 싹이 가지 낳은 콩나무가 되어 콩의 진실이 무한대로 구나.

77 '겸손'을 공부하기 위해서 없애야 하는 마음은 무엇입니까?

겸손은 양손으로 떡을 받아 먹는 데서 의미를 크게 가져온 것이다. 양손의 깊은 정신을 깨우쳐라.

78 울지도 못하는 병은 어떤 병입니까?

너무나 과한 아픔과 통증은 울음도 낼 수 없는 것이다.

79 미래를 얘기하면서 현재를 업신여기거나 부정하면 무슨 벌을 받나요?

음식을 투정하면서 먹으면 소화가 안 되고 구토가 난다. 미래를 맛보기 힘든 사람이다.

80 선생님과의 단 한 번 상담에 아이의 모든 것이 완전히 바뀌었는데 그 정도를 상상도 못

할 거라며 이천 제자님이 제게 전화를 했습니다. 선생님의 어떤 정신이 그런 결과를 만들었는지 감히 여쭙고 싶습니다.

아이가 참되고 싶은 기도를 하였기 때문이고, 나의 우연이 아이가 요구하는 것을 감지했기 때문이다.

81 그리고 저도 공부를 하다 보면 그렇게 될 수 있나요?

누구나 믿음과 기도가 깊어지면 기쁘고 즐거워질 일들이 자주 자주 있는 것이다.

82 그 공부는 선구자의 길을 가다 보면 만날 수 있는 것입니까?

선구자는 모든 생명을 사랑하는 것이니 그와 같은 일이야 끊임없이 있을 것이다.

83 어떤 사람이 훌륭하게 보였다면 그것은 그 사람이 훌륭하기 때문인가요? 훌륭하게 볼 수 있는 마음이 생겼기 때문인가요?

훌륭함을 보았고 알았기 때문이다.

84 자식이 마냥 대견하고 부족함이 없이 느껴지는 것은 좋은 일입니까? 아니면 큰일 날

일입니까?

나의 가식은 남의 가식을 볼 수 없다. 부모가 가식됨이 없다면 자식의 대견함은 행복을 부르는 것이다.

85 분위기 있는 자리에서 누군가(친한 친구)가 소리 나게 방귀를 뀌었을 때 모른 척하고 있어야 하나요? 무슨 말이라도 해서 당혹스러움을 해소하려 해야 하나요?

내가 뀔 방귀를 네가 먼저 뀌어서 다행이로구나 하고 웃어줄 수 있는 용기가 필요하다.

86 바꾸어서 제가 그 입장에 처한다면 어떻게 하는 것이 가장 좋은 방법일까요?

침착함이 부족해서 실수한 것이다. 상황에 따라 고개만 숙여라.

87 내가 할 수 있는 선까지 최선을 다했다는 판단 하에 상대의 노여움이 풀릴 때까지 기다리는 것도 끝까지 용서를 구해내는 방법이 될 수 있나요?

나의 짧은 판단은 실수의 연속이다. 최선을 다했다면 나를 용서하지 않더라도 용서를 기다릴 줄 아는 용기가 필요하다.

88 저는 용기가 없어서 할 수 없이 참았는데 다른 사람들은 저를 보고 겸손하고 참을성이 있다고 했습니다. 이 상황에서 저는 어떻게 공부해야 할까요?

용기가 없어 참는 사람은 정성이 부족하고 피해 의식이 마음에 쌓여 있으며 남이 진심으로 하는 소리를 비웃음으로 듣는다.

89 저는 아부와 도리(할 일)을 구분하지 못해서 행동을 망설일 때가 많습니다. 정확하게 구분할 수 있는 기준이 있나요?

같은 이치라도 아부는 얻어먹는 강아지와 같고, 도리는 내가 지켜야 할 겸손한 행이다.

90 선생님께서 모든 일에 능통하신(막힘이 없는)것은 화두를 깨우친 힘이라고 생각해도 되나요?

들어 두었고, 보아 두었고, 맡아 두었고, 맛보아 두었고, 닿아 두었고, 움직여 두었고, 생각해 두었던 까닭이로다.

91 지장경에서 말하는 하늘 사람은 어떤 사람입니까?

말은 내가 하는데 소리는 하늘에서 나는구나.

92 나름대로 힘든 일이 많지만 겉으로 내색하지 않는 저를 보고 사람(손님)들은 근심 걱정이 하나도 없는 사람 같다고 합니다. 저는 불행이 가는 길에 나오는 사람 중 어디에 속하나요?

아픔과 고통을 내색하는 것은 남을 우울하게 하는 것이고 나는 외로워지는 것이다. 겉으로 나타내지 않으니 남은 기쁘고 나는 즐거움이 오겠구나.

93 저의 그런 모습이 행복으로 가는 길의 어느 말씀에 포함 될 수도 있는지요?

밝고 맑음을 찾는 사람에 해당되는구나.

94 저는 선생님께, 의외로 고생을 고생으로 생각할 줄 모른다고 지적 받은 적이 있습니다. 성공하지 못한 것에 어떤 식으로 영향을 미쳤나요?

나의 실수를 아파할 줄 아는 사람은 진실됨을 찾아 실천하는 것이다. 아파할 줄 모르는 사람은 의지하는 마음이 많고 발전하려는 마음은 적음이다.

95 저는 정말로 제가 힘들었던 일들을 너무나 빨리 잊는 것 같습니다. 그것이 단점이 되는 것과 장점이 되는 것을 알고 싶습니다.

외롭고 고통스럽구나……. 남의 아픔도 모른다는 증거이고 어리석은 것이며 남을 피곤하게 하고 자신은 무방비 상태다.

96 '종교'와 '경제'의 관계?

종교의 근본은 사람의 완성이다. 경제는 삶의 도구이다. 종교의 참 모습을 실천한다면 경제도 활발해져 간다.

97 천도제, 굿, 보시 등은 경제를 이끄는 한 형태로 볼 수 있나요?

인간의 삶이 미치지 않는 곳이 없듯이 경제 또한 잘잘못을 가리기 전에 영향을 미치지 않는 곳이 없다.

98 강아지가 사람 말을 잘 알아들을 수 있는 까닭?

사람과 가까이 있기 때문이다.

99 불경에 나오는 보살들의 이름은 누가 지어 주었나요?

지구촌에 먼저 오신 사람이 먼저 지어내신 것이다.

100 평상시 목소리와 전화할 때 목소리가 다른

사람?
평소 일상생활에 불평불만이 쌓인 사람이며,
또 앞으로 쌓일 수 있는 사람이다.

밝은 달이 **나**를 밝혀주고 있겠구나!

1 **조물주는 인간 모두에게 신이 필요하다는 것을 알았지만 신을 그렇게 많이 만들 수가 없어 인간에게 어머니를 만들어주었다고 합니다. 어머니의 참다운 의미는 무엇인가요?**

조물주는 볼 수도 느낄 수도 없는 능력으로 보이고 느끼는 생명을 만들어주고, 그 생명이 신(神)이 되어 자연을 누리게 하였다고 본다. 어머니 또한 자식을 낳고 가꾸어주는 능력은 있지만 자식의 삶을 끝까지 행복하게 할 책임을 질 수는 없고, 다만 그 자식이 참 사람답게 살아 가기를 바랄 뿐이다.

2 **인간은 이 세상에 태어나고 싶어서 태어난 것도 아니고, 또한 죽지 않으려 해도 운명적으로 자연스럽게 죽어야 할 존재인데도, 이**

러한 섭리를 이해하고 받아들이지 않으려고 하는 근본적인 이유는 무엇인가요?

자연 스스로답게 살아 가는 방법을 깨닫지 못하기 때문이다.

3 '마음은 글씨와 같고, 몸은 칠판과 같다'고 하였습니다. 우리의 몸에 병이 들지 않게 예방을 하거나 치료를 하려고 할 때, 어떠한 마음의 글씨를 갖다가 써야 할까요?

본래 마음은 볼 수도 느낄 수도 없는 것인데 자신이 이해할 수 있도록 마음을 참되게 만들어 곱게 쓰면 건강한 사람이다.

4 '죽는 방법을 아는 사람만이, 사는 방법을 안다'는 말이 있습니다. 이의 참 뜻은 무엇인가요?

죽는 방법을 찾는 것보다 사는 방법을 찾는 것이 더 쉽다. 두려움을 버리라는 뜻이 깊다.

5 일연 스님이 지은 삼국유사에 '욱면이라는 노비가 지극한 염불 공덕으로 성불하여 극락 세상으로 갔다'는 기술이 있습니다. 간절한 기도는 참으로 영험이 있고 응답이 있는 것입니까. 병이 났을 때에도 쾌유의 영험이 있

습니까?

된다는 일을 묻기만 한다면 알음알이를 되묻기만 하는 사람이다.

6 사람들의 소망은 대부분 행복하게 살고자 하는데 있습니다. 행복하게 사는 방법은 무엇입니까?

소를 길들일 줄 아는 사람은 농부이고, 싸움을 길들인 사람은 깡패일 뿐이다.

7 살아 있을 때 남을 위해 베풀고 공덕을 쌓으라고 합니다. 이렇게 하면 마음의 평화를 얻고 아름답게 살다가 아름답게 죽을 수 있다고 합니다. 사실인가요?

글을 배우지 않은 사람은 아무리 좋은 글이라도 해석할 줄 모른다.

8 스님들은 '어머니는 부처님의 절반이다' 이라고 말을 합니다. 이의 참 뜻은 무엇인가요?

믿음이 있는 사람은 보이지 않는 부처님을 한 곳에 모셔 놓고 어느 때라도 지극 정성을 다할 수 있다. 움직이는 어머니를 보일 때만이라도 지극 정성을 다하면 복을 크게 받는다는 의미가 크다.

9 논어에 '남이 자기를 알아주지 않는 것을 탓하지 말고, 내가 남을 알아주지 못하는 것을 근심하라'는 글이 있습니다. 자기가 한 모든 일은 내 탓이라고 생각하지 않고, 남을 계속 원망만 할 경우 건강에 어떠한 영향을 주는지요?

백지 위에 내가 글을 잘 쓰면 좋은 글이 된다. 그러나 내가 쓴 글을 탓만 한다면 잘못된 글씨임에 분명하다. 원망은 원인이 망할 독소이다.

10 '인생을 살아가는데 느리게, 단순하게 사는 방법도 삶의 보약이 된다'고 합니다. 여기서 '느림'과 '단순'은 무엇을 의미하는지요?

밥을 할 줄 아는 사람이 밥을 지을 때는 느린 것이고, 밥을 먹을 때는 단순한 것이다. 느린 것은 배움의 근본이요, 단순한 것은 쓸 줄 아는 것이다.

11 '우물 안의 개구리가 바다를 말할 수 없는 것은 우물에 갇혀 있기 때문이요, 여름에만 사는 벌레가 얼음을 말할 수 없는 것은 계절에 갇혀 있기 때문'이라고 합니다. 스스로 얽매여 있음을 알지 못하는 사람은 구속하는 환경으로부터 해방되어 자유를 누릴 수 없음을 말합니다. 이러한 논리를 병자의 구

원에 적용할 수가 있겠습니까?

우물 안 개구리는 우물 속에서만 먹이를 찾고, 여름에 사는 벌레는 아예 겨울을 찾지 않는다. 병자지만 살아 갈 방법을 찾는 사람은 건강을 먹는 사람이고, 건강이 보이지 않는다고 괴로움을 찾는 사람은 병마를 먹는 사람이다.

12 '몸꼴이 바뀌면 얼꼴이 바뀐다'고 합니다. '얼꼴'은 얼굴의 옛말로 얼의 형태를 의미합니다. 얼은 정신의 순수한 우리말입니다. 즉 마음이기도 합니다. 몸꼴은 형태를 의미합니다. 위의 관계는 가능성이 있는 사실입니까?

손이 작은 사람은 큰 것을 쥘 수 없고, 손이 큰 사람은 큰 것을 쥘 수 있다. 크고 작은 변화에 따라 정신도 바뀌는 것이 분명하다.

13 '물은 만물에게 이로움을 베풀지만 서로 다투지 아니하고 언제나 사람들이 싫어하는 비천한 곳에 머문다. 그러므로 물의 성품은 도에 가깝다' 하였습니다. 도는 무엇입니까?

물이 경사를 만나면 물은 흐르고, 물이 웅덩이를 만나면 물은 머문다. 힘들 때는 쉬는 것이다.

14 흔히 불교의 가르침을 '이심전심'으로 표현합니다. 이심전심은 무엇입니까?

이심은 실천하는 마음의 의미가 깊고, 전심은 실천할 것을 찾는 마음의 의미가 깊다.

15 '태도 하나를 바꾸면 인생이 바뀐다'고 합니다. 태도는 무엇입니까?

비방하는 마음은 비방한 사람이고, 칭찬하는 마음은 칭찬할 사람이다. 생각이 다스려진 것이 성품이고, 성품이 곧 태도이다.

16 법구경에 '화를 내는 것은 죄를 짓는 것과 같다' 하였습니다. 화는 무엇이며, 건강에 어떤 영향을 미칠까요?

마음과 몸은 열심히 살아 가라고 있는 것이지 화를 내라고 있는 것이 아니기 때문에 화는 죄이다. 따라서 원망과 화는 곧 독이다.

17 '마음은 다루기 힘든 아이와 같다'고 합니다. 마음은 무엇입니까?

힘이 든다고 가르치지 않은 자식은 불효자가 되고 마음을 다스리기가 힘들다고 다스리지 않은 사람은 불행한 사람이다. 마음은 내가 할 일을 찾아주고 그것을 실천하게 하는 큰 스승이다. 할 일을 찾지 않는 사람은 마음이 없는 사람이다.

18 '마음의 자유를 얻으려면 마음에서 독을 없애라'는 말이 있습니다. 일상생활에서 마음의 독은 무엇입니까?

배우려는 사람은 스승 보기가 자유롭고 배우려는 마음이 부족한 사람은 스승 보기가 불편한 것이다. 편하지 않은 것은 곧 독이다.

19 지혜는 배우려는 자의 것입니다. 참다운 지혜는 무엇입니까?

좋은 것을 찾고 찾은 것을 참된 곳에 쓰는 것이 참다운 지혜이다.

20 '마음을 다스리려면 지혜와 항심이 필요하다'고 합니다. 어떠한 지혜와 항심이 필요합니까?

필요한 것을 생각하는 마음이 항심이고, 필요한 것을 찾아내어 실천하는 것이 지혜이다.

21 '사랑은 바위처럼 가만히 있는 것이 아니고 사랑은 빵처럼 새로 만들어야 한다'고 합니다. 사랑은 무엇입니까?

남에게 희망을 주는 것이 희생이고, 희망을 주고

내가 기쁨을 얻는 것이 사랑이다.

22 '타인의 행운에 진심으로 함께 하면 열등감
에 의한 질투가 사라진다'고 하였습니다.
질투는 정체가 무엇이며, 반복되면 건강에
어떠한 영향을 줍니까?

갈증도 가짓수가 많다. 남의 갈증을 무시하는
것이 질투이고, 남의 갈증을 모른 채하지 않는
것이 진심이다. 즉 열등감이 없는 것이다. 질투
는 불행의 씨이고, 열등이 없는 진심은 행운의
씨이다.

23 물 같이 바람 같이 살려고 원한다면 마음의 자
세를 어떻게 가져야 합니까?

바람은 산이 막혀도 돌아 나가는 것이 진리이다.
삶이 막혔을 때 돌아 나가는 일을 찾아라.

24 '마음으로 달인 차 한 잔 마시면서 빈산(공
산)의 밝은 달을 바라본다'고 한다면, 이 때
의 마음은 어떤 경지가 되겠습니까?

밝은 달이 나를 밝혀주고 있겠구나!

25 '가장 절망적인 순간에도 싸울 힘만 있으면
살아날 수 있다'. 싸울 힘이 곧 희망이라는

역설은, 어떤 역경에도 죽지만 않고 넘기면 희망은 존재 한다는 뜻입니다. 싸울 힘이란 무엇이며, 어떻게 생기는 것입니까?

포기는 죽음을 기다리는 것이고, 도전은 생명을 유지하는 것이다. 생명을 유지하는 마음은 곧 용기를 얻는 것이다.

26 '절제'와 '금기'의 차이는 무엇입니까?

한꺼번에 잡으려고 두 마리의 토끼를 몰지 않는 것이 절제이고, 먹지 않을 토끼를 잡지 않는 것이 금기이다.

27 '흐르는 강물'과 흐르지 않는 강물'의 차이는 무엇입니까?

경사의 차이.

28 '지혜로운 자는 물을 좋아하고, 어진 이는 산을 좋아하며, 지혜로운 자는 동적이고, 어진 이는 정적이며, 지혜로운 자는 즐기고, 어진 이는 장수한다(논어 중에서).' 물도 좋아하고, 산도 좋아하는 최선의 인간은 어떤 존재일까요?

물과 바람을 피하지 말라. 물과 바람 어느 것 한 가지도 싫어하면 단명한다. 물은 바람을 부르고 바람은 물을 움직이는 지혜의 근본이 여기에 있다.

29 탄생과 죽음 앞에서 어떤 선택권도 갖고 있지 않지만 탄생과 죽음 사이에서 인간은 자신의 운명의 주인이라고 합니다. 운명이란 무엇입니까?

어떤 존재라도 자연의 주인이다. 자연을 깨달아 가는 것이 운명이다.

30 삶에서 괴로움과 고통은 피할 수 없는 것이지만, 불행하다고 느끼는 것은 각자의 선택에 달렸다고 합니다. 불행이란 무엇입니까?

내가 먹을 음식을 실수로 더럽혔다면 불행이요, 낚시 바늘 없이 낚시를 하고 있는 것 또한 불행이 아니고 무엇이겠는가!

31 프랑스 생리학자 에밀리 큐에는 건강을 유지하기 위해서 '매일 매일 낫고 있다'고 하루에 수천 번씩 나을 때까지 외울 것을 권했습니다. 이 긍정적인 모든 생각은 신체의 각 세포로 옮겨져 거기에서 신체에 필요한 에너지원으로 저장되어 병 치료에 유익하게 효과를 나타낸다고 하였습니다. 이 에너지

의 저장을 기(氣)의 축척이라고 표현하여도
옳은 이야기입니까?

연약한 정신력을 탈피하여 강력한 정신력으로
변화되었을 때만 에너지원이 바뀌는 것이다.

32 **'돈을 잃어버리는 것은 조금 잃는 것이요, 명
예를 잃는 것은 많이 잃는 것이요, 건강을 잃
는 것은 모두 다 잃는 다는 것이다'고 하였습
니다. 여기서 말하는 진정한 건강이란 무엇
입니까?**

불편한 것을 버리고, 자신을 다스리는 의미가
깊다.

33 **'구하지 않는 것이 마음 편히 사는 방법이
요, 배불리 먹지 않는 것이 곧 병을 물리치
는 방법이다.' 즉 안심의 비법과 건강의 비
방을 나타낸 말입니다. 비법과 비방의 차이
점은 무엇인가요?**

아무에게나 줄 수 없는 기술을 기록한 것이 비법
이고, 기술을 사용하는 것이 비방이다.

34 **'첩의 아름다움이 아내의 현숙함보다 못하
고, 돈 많음이 팔자가 순탄한 것보다 못하
다' 하는 말이 있습니다. 사주팔자, 또는 팔**

자는 무엇인가요?

농사를 많이 지어 놓고 거두어들일 창고가 없다면 농사를 적게 지은 것만 못하다는 의미가 깊다.

35 '마음의 거울은 눈동자'라고 말합니다. 눈동자를 보고 사람의 성품을 알아볼 수 있는지요?

학문을 하는 사람은 표현의 의미를 잘 아는 것과 같다.

36 '큰 사람이란 그가 어렸을 때 가지고 있던 순진한 어린이 마음을 잃지 않은 사람'이라고 하였습니다. 여기서 큰 사람이란 무엇입니까?

자신이 모르는 것이 많다고 하는 마음이 큰 것이다.

37 가득 차고서도 넘치지 않으려면 어떤 정신과 생활 태도를 가져야 할까요?

맛있다고 과식하면 소화가 안 된다. 남이 인정하고 있는데 더 인정받으려고 하지 말라.

38 '덕은 재능의 주인이고, 재능은 덕의 하인'이

라는 말이 있습니다. 덕이란 무엇입니까?

학문을 하는 것이 재능이고, 학문을 쓰는 것이 덕이다. 덕을 쌓지 못했다는 것은 불필요한 것에 학문을 썼다는 증거이다.

39 '생사는 운명에 달려 있고, 부귀는 하늘에 달려 있다'는 말이 있습니다. 운명이란 무엇입니까?

생사는 자기 실천에 달려 있다. 운명은 실천만큼이라고 나는 해석한다.

40 인생살이에서 화 속에 복이 있고, 복 속에 화의 씨앗이 잉태되어 있어 앞날이 어떻게 될지 모르는 경우가 허다합니다. 화가 복이 되기 위해서 우리는 어떠한 처신을 해야 할까요?

나의 몸은 복이다. 화를 불러 몸을 망가뜨린 것이 불행이고, 화는 나의 바쁨을 부르는 것이다.

41 '현명함을 내세우면 사람을 잃고, 현명함을 낮추면 사람을 얻는다'는 장자의 말이 있습니다. 현명함이란 무엇입니까?

즉시 알게 된 것과 알고 있는 것을 자처하지 말라는 의미가 깊다.

42 불교에서 보살이란 어떤 사람입니까?

그 무엇도 가꿀 줄 아는 사람.

43 경허 스님은 '우리 인생은 달리는 말과 같고, 풀 끝에 맺힌 이슬 같고, 지는 해와 같다. 그만큼 인생이란 무상하다'고 하였습니다. 무상이란 무엇입니까?

보상이 정해져 있지 않는 의미가 깊다.

44 '도를 깨우치는 데는 무심(無心)이 이를 가능하게 한다'고 하였습니다. 무심은 무엇입니까?

눈을 감는 것은 자기를 보는 것이고, 눈을 뜨는 것은 사물을 보는 것이다. 눈을 뜨고 감는 것까지도 생각하지 않는 것이 무심이다.

45 '면역력을 증강시키는 데는 적절한 식사 요법, 적당한 운동, 심신 단련 및 기공이 이를 가능하게 한다'고 하였습니다. 기공의 역할에 대하여 의견을 말씀하여 주십시오?

생각과 활동과 식사량이 과하면 지친다. 지친다는 것은 면역력이 떨어진다는 증거이다. 개인에 따라 적당의 기준은 다르다. 기공은 나의 철학이 아니라 평가하기 어렵다.

46 '우리는 생각한 대로 된다' '우리는 믿는 대로 된다' '우리의 삶은 상상하는 모습대로 된다' '우리 삶이 말하는 대로 된다' '생각을 바꾸면 삶도 바뀐다.' 이 말들은 실제로 현실에서 가능성이 있는 이야기입니까? 옳은 이야기일 경우 더 추가 할 말씀은?

날고 싶은 마음을 버리지 않은 증거가 비행기이다.

47 우리 몸의 모든 세포는 바로 이 순간에도 우리의 생각에 반응하고 있습니다. 그 생각이 긍정적이든 부정적이든 상관없이 말입니다. 그러기 때문에 우리는 항상 몸에 말을 걸어야 하는데, 어떠한 말이 최선의 말이 되겠습니까?

나는 죽는 날까지 쉬지 않고 일을 할 것이다.

48 진실한 친구는 어떠한 사람입니까?

불편을 버리고 감사함을 갚을 줄 아는 사람.

49 사람에게 하여 주는 칭찬과 축복의 힘은 무엇인가요?

희망과 기쁨을 주어 건강하게 해주는 힘이다.

50 명상은 무엇인가요?

볼 수도 느낄 수도 없는 속에서 필요성과 도구를 찾는 수련.

> ※ 오랜 세월 동안 동양 사회에서 인물을 평가할 때 신언서판(身言書判)을 적용 기준으로 삼았습니다. 아래와 같은 사항을 질문하겠습니다.

51 '신(身)이란 그 사람의 관상을 일컫는다'고 합니다. 관상을 볼 때에는 특히 눈과 얼굴색(찰색)을 포인트로 하여 본다고 합니다. 옳은 이야기인가요?

신은 몸이다. 눈으로 몸 전체를 살피는 것이 관상을 본다고 하는 것이다.

52 '언(言)이라 함은 그 사람이 말을 얼마나 조리 있게 하는가를 보는 일'입니다. 목소리의 색깔 즉 성문(聲紋)을 보는 것이 중요하기 때문입니다. 사람마다 지문(指紋)이 다르듯이 목소리의 성문도 각기 다르기 때문입니다. 옳은 이야기인가요?

소리는 귀로 듣는 것이다. 듣고 답할 때 받아들인 수준은 생각하는 수준을 보는 것이다.

53 오장(五臟) 가운데 상대적으로 비장이 강한 사람의 목소리 톤은 '음-' 소리가 강하고, 폐장이 강한 사람은 '아-' 소리가 강하며, 간장이 강한 사람은 '어-' 소리가 강하고, 심장이 강한 사람은 '이-' 소리가 강하며, 신장이 강한 사람은 '우-' 소리가 강하게 나온다고 합니다. 옳은 이야기인가요?

소리는 강약의 증거이나 '음, 아, 어, 이, 우'는 발음의 근본으로만 본다.

54 '서(書)는 글씨이다.' 좁은 의미로는 글씨체를 가리키지만 넓은 의미로는 문장력을 말합니다. 요사이는 컴퓨터를 사용하여 글씨를 쓰는 세상인데, 이를 적용할 수 있을까요?

서는 기록에 근본이 있다. 남도 나도 이해할 수 있는 기록법을 갖추었다면 컴퓨터에 기록할 줄 아는 것도 서를 갖춘 것이다.

55 '판(判)은 판단력이다.' 신과 언과 서를 보는 이유는 최종적으로 판단력을 보기 위해서이다. 판단력이 사람의 가장 중요한 능력이라고 보기 때문입니다. 옳은 이야기입니까?

판은 실천을 헤아리는 의미가 깊다. 즉 굿판, 싸움판, 씨름판, 난장판, 놀자판, 먹자판, 노름판,

웃음판 등 일이 벌어진 상태를 나타내며, 또는 얼굴의 속어인 상판(상판대기)이라는 용어가 있듯이 실천을 의미한다. 따라서 판단력은 실천을 가능하게 하는 것이다.

56 판단에는 두 가지 차원이 있는데, 하나는 '이판(理判)'이고 다른 하나는 '사판(事判)'이라고 합니다. 이 둘을 합쳐 "이판사판"이라고 하며, '이판사판'의 어원은 불교의 화엄경에서 유래되었다고 합니다. 이판사판은 무엇입니까?

이판은 있는 것을 헤아리는 것이고, 사판은 동서남북을 가려서 실천 하는 것이다.

57 무당의 역할은 무엇인가요?

생각을 바꾸어 주는 역할.

58 물은 정신을 집중하는 방법으로 매우 훌륭한 수단입니다. 물소리는 바닷가의 해조음(海潮音)이 천하일품이며, 철썩철썩 규칙적으로 들려오는 소리에 의식을 집중하면 삼매의 깊은 경지에 들어갈 수 있다고 합니다. 관음(觀音)의 숨은 의미가 바로 여기에 있다고 하는데, 관음이란 소리를 관(觀)한다(집중한다)

는 뜻이라고 합니다. 우리나라 불교의 유명한 관음 도량이 공통적으로 바닷가에 있는 것도 이 때문입니다(예, 낙산사 홍련암). 계곡이 물소리로 관음 수양을 할 수 있는 곳을 추천하여 주십시오.

물소리 옆에 고요히 있노라면 물소리에 의해 내 몸에서 물소리와 같은 공명이 난다. 이 때 그 무엇을 느끼려는 마음까지 버려라. 몸에서 소리가 나거든 흥분하지 말라. 걷잡을 수 없는 상황이 벌어진다. 장소는 어느 곳도 구애 받지 말라.

59 물의 성질은 차가우므로, 따라서 불 기운이 많은 사람은 물을 만나야 화기가 내려간다고 합니다. 물을 만나야 아랫배에 함축되어 있는 물 기운은 머리 위로 올라가고, 머리의 불 기운은 아랫배로 내려가는 수승화강(水昇火降)이 원할하게 이루어져서, 이것이 잘 되는 사람은 무병장수(無病長壽)한다고 합니다. 병이 생기는 주된 이유가 스트레스인데, 이를 치유할 수 있는 수단으로 물을 이용할 수 있을까요? 즉 열이 많은 사람은 '물소리를 들어라' 고 권장해도 되겠습니까?

소리는 힘의 근본이다. 소리는 힘을 움직여서 강약을 조절하는 것이다. 굳은 마음은 소리를 거부

한다. 거듭 욕심을 버리고 마음의 평온을 찾아 물소리에 순응하기 바란다.

60 '조상의 인생이 나의 전생' 이란 말이 있습니다. 이 의미는 무엇인가요?

아기는 공테이프와 같다. 느끼지 못할 것까지 입력된다는 의미가 깊다.

61 '마음을 따뜻하게 쓰는 방법으로 정성스럽고, 너그럽고, 후덕하며, 헤아릴 줄 알며, 남을 생각해 주어야 한다' 고 하였습니다. 이것을 심술(心術)이라고 하였습니다. 지금은 주로 마음을 나쁘게 쓸 때 이 말을 사용합니다. 심술이 일상생활에서 습관화한 사람은 건강에 어떤 영향을 줄까요?

고쳐야 할 마음을 고치지 못했다고 하여 심술궂다고 하는 것이다. 심술이 사나우면 가정, 사업, 대인 관계 및 건강까지도 고장 나게 되는 것이다.

62 '논밭은 잡초 때문에 손해를 보고, 사람은 욕심 때문에 손해를 본다' 라는 말이 있습니다. 사람의 욕심은 무엇인가요?

참지 못하는 마음이 욕심이고, 남을 해하는 것이 욕이고 욕심이다. 곧 설치고 허우적대는 마음이 욕심이다.

63 '어리석은 자는 평생을 현명한 사람과 함께 살아도 진리를 깨닫지 못한다. 마치 국 맛을 모르듯이.' 법구경에 있는 말입니다. 진리는 무엇인가요?

진리는 영원히 불변이며 실상이다. 그러므로 밥 하는 방법은 만 가지이나 쌀, 물, 온도가 맞아야 한다는 것은 한 가지이며, 이 또한 밥을 짓는 진리이다. 따라서 진리를 거역해서는 안 된다.

64 '경서(經書)를 가르치는 스승은 만나기 쉬우나, 사람을 인도하는 스승을 만나기는 어렵다.' 사마광이 한 말입니다. 스승의 역할은 무엇인가요?

스승은 때 묻지 않는 진리를 스스로 얻어, 때 묻히지 않고 그 하나를 주고 천 년 만 년 쓰게 하는 역할을 한다. 단순히 경서를 가르치는 사람은 선생님이요, 스스로 진리를 깨우쳐서 깨우침을 주는 사람은 스승님이라고 보아야 한다. 선생님은 많은 사람을 가르쳐주었지만 제자가 없고, 스승님은 적은 사람을 가르쳐주었더라도 제자가 많다.

65 '성실함은 도(道)요, 성실해지려고 노력하는

것은 사람의 도(道)이니라.' 자사가 한 말입니다. 성실이란 무엇인가요?

성실은 순리가 어긋나지 않음이고, 성실해지려고 하는 것은 순리를 깨우쳐 가는 모습이다.

66 조조의 관상은 간악한 영웅이라고 합니다. 영웅이란 무엇인가요?

웅장함이 드러나는 큰 산과 같다.

67 프랑스 속담에 '피해는 모래 위에 써두고, 은혜는 대리석 위에 새겨라' 라는 말이 있습니다. 은혜란 무엇인가요?

부모가 나에게 특별히 해준 것이 없을지라도 나는 부모를 빌어 태어나 영광(삶)을 얻고 있으니, 그 모든 것이 부모님 덕임을 잊지 않고 마음에서 지우지 않는 것이 은혜이다.

68 한국 속담에 '남편은 두레박, 아내는 항아리' 란 말이 있습니다. 무슨 뜻인가요?

옛날에는 항아리에 바가지를 항상 담아두었는데, 그것을 두레박이라 한다. 항상 항아리 옆에 두는 것이라 해서 둘레바가지라 했다. 이처럼 부부는 함께 해야 한다는 의미가 깊다.

69 '마음은 항상 비어 있지 않으면 안 되나니, 마음이 공허하면 정의와 진리가 거기에 들어와 살 것이오. 마음은 항상 꽉 차 있지 않으면 안 되나니, 마음이 충실해지면 물욕이 거기에 들어오지 못할지니라.' 채근담의 말입니다. 젊어서 고생하여 악착같이 돈을 모았지만 매일 자신의 재산을 남에게 빼앗기지 않을까 악몽에 시달리는 부자에 대한 경구라고 생각합니다. 부자는 무슨 뜻이며, 그 역할은 무엇인가요?

부자는 있다는 증거이고, 비어 있던 창고에 가득 찬 것은 실천의 대가이다. 창고를 다시 비우고 채울 마음이 없어 순환 없이 창고를 계속 채워두기만 한다면 그 재산은 결국 썩어버리고 망하게 된다는 의미가 깊다.

70 '바람의 모습은 볼 수 없지만 나뭇잎의 움직임으로 그 방향을 알 수 있다. 이와 같이 마음의 모습은 볼 수 없지만 그 사람의 마음의 움직임은 육근(六根)을 통하여 나타난다.' 육근이란 무엇인가요?

나무의 가지 끝과 뿌리 끝이 없다면 방향은 없는 것이다. 사람은 머리와 양손이 뿌리이고, 발과 성기는 가지이다. 육근은 뿌리와 가지의 끝이고 육근을 통하여 육감을 얻는 것이다. 육감은 '안(眼), 이(耳), 비(鼻), 설(舌), 신(身), 의(衣)' 이다.

71 '얼음과 물은 서로를 부정하지 않는다. 태어남(生)은 그것대로 아름답고 죽음(死)은 또 그것대로 아름답다. 태어남은 태어남에 맡기고 죽음은 죽음에게 맡기라'는 말이 있습니다. 사람의 생로병사 중에서 '노(老)'와 '병(病)'을 우리는 어떻게 맞이하여야 할까요?
성장하는 나무가 날이 가물면 물을 기다리다가 비를 만나면 생기가 돋고, 해가 갈수록 최선을 다하다 스스로 무너진다.

72 '깨달은 사람은 온 천지를 가슴속에 받아들여도 그 가슴속은 늘 여유가 있다. 그리고 만유(萬有)를 그 마음속에 비춰보아도 그 정신은 언제나 선심(善心)의 상태에 있다.' 여기서 '만유'와 '선심'은 무엇인가요?
만유는 글자 그대로 만 가지의 물질이다. 선심은 만물을 보고 탐하지 않음에 깊은 의미가 있다.

73 차를 마시는 사람들은 차와 선의 관계를 나타내는 말로 '선다일여(禪茶一如)', '다선일미(茶禪一味)'라는 어휘를 자주 사용합니다. 선

과 차는 수행에 있어 왜 이를 중요시합니까?

선은 한 잔의 차가 내 몸을 덥혀주듯 하는 것이고, 한 잔의 차를 마실 수 있는 여유도 선의 깊이를 얻는 것이다. 차 나눔을 사치로 보지 말라는 의미가 깊다.

74 부처님은 이렇게 말씀 하셨습니다. '나는 단지 두 가지만을 가르칩니다. 고통과 고통의 끝이 그것입니다.' 고통의 원인은 무엇입니까?

알지 못하는 것이 고통이고, 얻지 못하는 것이 고통이다. 필요한 것을 찾는 방법과 얻는 방법을 설법하신 분이 부처님이시다.

75 '선(善)의 최상은 효도보다 큰 것이 없고, 악(惡)의 최상은 불효보다 큰 것이 없다' 는 말이 있습니다. 불효는 어떤 마음에서 생겨나는 것입니까?

효자는 자기 자신이 감사함에 생기고, 불효자는 자기 자신이 잘났다 함에서 생긴다.

76 '나의 이 형상은 스스로 지은 것도 아니고 남이 지은 것도 아니다. 인연이 모이면 생기고 인연이 흩어지면 곧 없어진다. 세상의 모든 씨앗이 땅을 의지하여 생성되는 것처럼

인연이 화합하면 낳고 인연이 헤어지면 없
어진다.' 인연이란 무엇입니까?

생각이 없는 것은 씨도 없다는 의미가 깊다.

77 사람의 몸 속에는 질병을 예방하거나 치유
할 수 있는 자연 치유력을 갖고 있습니다.
예를 들면 피부에 상처가 나거나 감기나 기
타 질병이 생겼다가 자연히 치유되는 것을
말합니다. 이와 같은 자연치유력을 더욱 증
강시키려면 어떤 방법이 좋습니까?

주먹을 쥐고 놓지 않으면 손에 쥐가 나고, 계속
쥐고 있으면 근육과 피부가 굳는다. 아픈 곳을
생각하고 있기만 한다면 그곳에 화가 든다. 만일
아픔을 느끼고 있다면 기뻤던 일이나 좋은 추억
을 일부러라도 찾아보라.

78 '중용을 지켜라. 균형은 만사에 최선' 이라
는 말이 있습니다. 중용이란 무엇입니까?

재목이 아까워도 쓸모 있게 다듬어 쓰는 것이 중
용이다. 즉 목적에 맞는 순리와 이치를 얻어 내
는 것이다.

79 '인생이 엄숙하면 할수록 그만큼의 유머가
필요하다' 고 합니다. 이것은 여유가 힘이라

는 것을 의미합니다. 그 이유는 무엇입니까?

많이 먹고 싶어도 적게 먹는 것이 여유이다. 갖춘 사람이 갖추지 못한 사람과 자리를 함께 하지 못하는 것은 여유가 없는 것이다.

80 자비란 무엇입니까?

스스로 도와주고 싶은 실천.

81 열반이란 무엇입니까?

더럽혀진 몸으로 자연을 오염시키지 않는 진리를 지키는 행위이고, 삶의 수행을 마치는 행위이다.

82 '영혼이 뿌린 씨는 어떤 것이나 멸망하지 않는다'는 말이 있습니다. 영혼이란 무엇입니까?

영혼은 진리가 낳은 씨이다. 부딪쳐서 아픔을 느끼는 것이 영혼이고 그것은 불변하는 것이다.

83 어리석음은 물을 주지 아니하여도 잘 자랍니다. 어리석음이란 무엇입니까?

실천할 수 없는 것을 공상으로만 헤아리는 것도 어리석음이다.

84 '선비는 자기를 알아주는 사람을 위해 죽는다'고 합니다. 선비란 무엇입니까?

선비는 얻은 능력을 다른 사람이 쓰더라도 굳이 자기 것이라고 주장하지 않는다는 것이 죽는다는 의미이다. 따라서 선비는 자비를 베푸는 마음가짐을 갖추고 수행하는 사람이다.

85 '단명(短命)할 행동을 하면 단명해지고, 오래 살 행동을 하면 오래 살게 된다'고 합니다. 이것은 인과 때문입니다. 인과란 무엇입니까?

사람이면 생각하고 실천할 수 있는 행위 자체가 인과이다. 손뼉을 마주 쳐야 소리가 나듯이 인과도 행 자체이다. 이미 행을 했다면 꼭 결과는 나타나는 것이다.

86 '이기적인 자아(自我)를 버리지 않으면 고통을 버릴 수 없다. 그것은 불을 버리지 않으면 화상(火傷)을 피할 수 없는 것과 같다'고 하였습니다. 자아란 무엇입니까?

아집은 스스로 깨어나지 못함을 의미한다. 자아는 스스로 깨어나는 의미가 깊다.

87 '믿음을 가져서 가정이 화평하면 살아생전

에 복과 좋은 일이 저절로 찾아온다'고 하였습니다. 복이란 무엇입니까?

믿음은 참된 것을 받드는 집중력의 극치이다. 복은 행의 결과로 보아야 한다. 집중력이 없으면 아는 길도 잃는 것이다.

88 '만약에 사람이 갖가지 악업을 짓고도 뉘우치거나 부끄러워하지도 않고, 인과를 믿지 않고 슬기로운 사람이나, 선지식에게 묻지 않는다면, 이런 사람은 아무리 훌륭한 의사가 치료를 한다 하더라도 그 병을 고치지 못할 것이다.' 열반정의 이야기입니다. 악업과 선지식은 무엇입니까?

잘못을 헤아리지 못하고, 스스로를 다스리지 못하는 것까지가 악업이다. 독으로도 병을 고칠 수 있다는 것을 찾았다면 선지식이다. 선지식은 그 누가 쓸지라도 해가 없는 것이다.

89 부처님은 마지막 가르침을 통해 자신을 지킬 수 있는 길을 제시해 주었습니다. '삼매를 닦으라'고 하셨습니다. 삼매란 무엇입니까?

'생각하는 마음', '먹는 마음', '행하는 마음'이라는 의미가 깊고 깊다. 삼매에 든다는 것은 '잡고', '놓고', '바라보고'를 헤아리는 것이다.

90 적묵(寂默)은 모든 행동의 원칙입니다. 마음의 평화 없이 세계 평화를 위해 할 수 있는 일은 거의 없습니다. 평화 실현을 위해 무엇보다 먼저 할 일은 고요에 익숙해지는 일입니다. 명상과 기도가 그것입니다. 적묵이란 무엇을 의미합니까?

밥상의 높이와 넓이가 맞지 않으면 식사 때마다 불편할 것이고, 기술의 기록이 없다면 짝을 맞출 때마다 시행착오를 크게 일으킨다. 적묵은 마음속으로 실행을 그려 보는 것이다.

91 '부처님이 말씀을 보시(布施)하면 큰 지혜를 얻게 되고, 의약을 보시하면 질병의 공포에서 벗어나게 된다. 등불을 보시하면 항상 눈이 밝아지게 되며, 음악을 보시하면 목소리가 아름다워진다. 침구를 보시하면 편안한 생활을 하게 되고, 좋은 밭을 보시하면 항상 창고가 가득 차게 된다'고 하였습니다. 보시하면 공덕이 같이 이루어집니까?

내가 입은 덕과 나도 모르게 입은 덕까지도 갚는 것이 보시의 근본이다. 남을 가르칠 때 더 큰 공부가 되는 것도 지혜를 얻는 것이며, 얻은 것은 은혜를 입은 것이다. 희망을 주고 자비를 베풀고 깨우침을 주는 것까지가 공덕이다.

92 '생로병사가 큰 바다라면 지혜는 그 위에 떠 있는 배고, 무명(無明)이 큰 어둠이라면 지혜는 밝은 등불이다. 번뇌가 가시나무 숲이라면 지혜는 날카로운 도끼이고, 어리석음, 탐욕이 흐르는 물이라면 지혜는 다리이다' 라는 말이 있습니다. '탐욕' 이란 무엇입니까?

탐은 참지 못하는 마음이고, 욕은 설치는 마음이다. 탐욕은 참지 못하고 설친다는 의미가 깊다. 비현실적인 행위이다.

93 '항상 참회하는 마음으로 살라. 참회하는 마음은 덕망 중에서 가장 으뜸이 된다. 참회하는 마음은 쇠갈고리와 같아서 능히 인간의 잘못된 마음을 억제한다. 그러므로 항상 참회하는 마음을 가져야 한다' 는 말이 있습니다. '참회' 란 무엇입니까?

참회는 후회를 했거든 반성을 하여야 하고, 반성이 되거든 참된 계획을 세운다는 의미가 깊다.

94 '우리의 몸은 마른 섶과 같고 우리의 마음은 성난 불과 같아서 남을 태우기 전에 먼저 제 몸을 태운다. 그와 같이 한 순간의 성난 마음은 능히 착한 마음을 태운다' 고 하였습니다. '착한 마음' 은 어떠한 마음입니까?

좋은 생각 중에도 갑작스런 소리에 놀라는 것이 근본이다. 이것이 착함을 태우는 것이고, 놀랐다가도 다시 좋은 생각에 접어드는 것이 착함이다.

95 '자기보다 못한 사람 앞에서 참는 것이 진정한 참음이다' 라는 말이 있습니다. '참음' 이란 무엇입니까?

참는 것은 힘든 것이나 고요함은 평화이다. 힘들여 평화를 얻는 것이 참음이다.

96 '집착하는 까닭에 탐심이 생기고, 탐심이 생기는 까닭에 얽매이게 되며, 얽매이는 까닭에 생로병사와 근심, 슬픔, 괴로움과 같은 갖가지 번뇌가 뒤따른다' 고 하였습니다. '탐심' 이란 무엇입니까?

집착은 놓지 못하는 두려움이다. 두려움은 참지 못하는 탐이고, 탐심은 갈팡질팡 허둥대는 마음이다.

97 사람이 역경에 놓여 있을 때에는 여러 가지 어려움과 괴로움이 있습니다. 이 고난의 시련이 병을 고쳐주는 침이나 약이 됩니다. 그러나 그리울 것 없는 환경에 놓여 있을 때에는, 안일과 사치 등의 유혹에 빠져서 몸과

마음이 파멸되는 경우를 종종 볼 수 있습니다. 역경은 괴롭지만 몸과 마음의 병을 고치는 값비싼 약이 들어 있고, 좋은 환경은 때때로 달콤하지만 몸과 마음을 망치는 독약이 가득 차 있습니다. 인생에 있어 가장 고난의 시련일 때는 언제입니까?

마음을 의지할 곳이 없을 때.

98 '인생은 한 토막 연극이나 한 판의 바둑과 같다. 연극이 시작되면 아름다운 사람과 추한 사람들이 등장하지만 연극이 끝나면 그뿐, 밉고 고음은 어디에 있는가. 또 바둑을 둘 때에는 수를 다투어 승패를 겨루지만, 바둑이 끝나고 돌을 거두면 승패가 어디에 있는가. 구구(區區)한 감정이나 뜬구름 같은 명리(名利) 때문에 몸과 마음을 수고롭게 하고 욕되게 함이야 말로 얼마나 허무한 일인가.' '허무'란 무엇입니까?

내 것인 줄 알았건만 모두가 자연의 것이니 허무하구나!

99 '항상 기뻐하라. 쉬지 말고 기도하라. 범사에 감사하라.' 성경의 말씀입니다. 이 말씀을 우리의 일상생활에 생활화한다면 인생에

큰 도움이 될 것으로 생각합니다. 이에 대한 의견의 말씀을 주십시오.

아픔을 생각하기보다 일하는 것이 낫고, 원망하기보다 기도하는 게 낫다. 괴로워하기보다 성경을 읽는 것이 낫다. 일하고 기도하고 성경을 보고 들은 사람은 감사할 줄 아는 사람이다.

100 '청산은 나를 보고 말없이 살라 하고, 창공은 나를 보고 티 없이 살라하네. 탐욕도 벗어놓고, 성냄도 벗어놓고, 물같이 바람 같이, 살다 가라하네.' 나옹선사의 시입니다. 어떻게 사는 것이 '멋있고 참된 삶' 입니까?

'청산을 바라보면 마음이 맑아지고 창공을 바라보면 탐욕도 성냄도 벗어져서 물같이 바람같이 흐르다 가고 싶네! 마음이 맑아져서 나옹선사께 찬송하는 글이다. 참 삶에는 특별한 법칙이 없다. 찬송하고 찬송하라!

맺어가면서

필자는 열악한 환경으로 갖은 수난과 고통을 당하던 끝에 전북 순창군 쌍치면 시산마을 앞산 장군봉에 입산하여 3년의 공부와 수행을 마치고 자력법과 유법을 얻어 마음의 약속 철학이라 정하고 '010'을 의미하는 마음으로 '정령'이란 호를 갖게 되었으며, 새로운 삶으로 방향을 바꾸고 마음의 빛(일조원)이란 철학관을 운영하면서 많은 제자님들을 만나게 되어 능력을 전수하는 과정에서 문제를 일으켰다.

필자가 생각하건데 능력을 얻을지라도 마음을 다스리지 못하면 아무리 많은 기술과 견문과 지식과 상식을 갖고 있더라도 무용지물이 되기 때문에 모든 제자들에게 평소에 알고 싶었던 것이나 모르고 있던 것, 공부하기 위해 다시 한 번 짚고 갈 것과 말이 되는 것과 말이 되지 않는 것까지 개개인에게 백문을 요구했고, 받은 질문에 답을 하는 과정에서 나의 앎과 타인의 지식을 교류할 수 있는 계기가 되었다.

백문을 제출하는 방법도 다양해서 어떤 사람은 즉석에서 서면으로 묻기도 하고 몇 날 며칠을 연구하여 정성스레 타자를 쳐 오기도 했다.

이러한 질문들에 필자는 항상 즉직답을 하되 질문 옆에 기록해 주었고 때론 그것을 보관하고 각자가 돌려보기를 청했으며, 또한 마음을 다스리는 공부 자료가 되도록 하여 제자님들만 보던 것을 많은 사람들의 권고로 심사숙고 끝에 '백문백답'을 보는 이는 액운을 버리고 덕을 쌓고 행복을 얻으리라 믿고 기도하는 마음으로 책으로 엮었다.

입고 벗는 것이
마음대로

1판 1쇄 인쇄 | 2009년 1월 7일
1판 1쇄 발행 | 2009년 1월 12일

지은이 | 안병철
펴낸이 | 문해성
펴낸곳 | 청학출판사
주소 | 서울시 은평구 신사1동 3-12호 3층(122-879)
전화 | 02)354-8646 · **팩시밀리** | 02)384-8644
이메일 | mjs1044@naver.com
출판등록 | 1996년 7월 2일 제8-190호

ISBN 978-89-87023-75-5 03220